SHANXI
LVYOU FENGJING
MINGSHENG CONGSHU
山西旅游风景名胜丛书（升级版）

娘娘滩

NIANGNIANGTAN

田昌安 著

山西出版传媒集团
山西经济出版社

《山西旅游风景名胜丛书》（升级版）

序言

1998年孟春，《山西旅游风景名胜丛书》问世。弹指一挥间，这套跨世纪的旅游文化丛书已出版53种，总字数逾两百万字，总图片超千幅。包括了山西省一大批著名旅游景点或景区，发行量近百万册，荣获全国优秀畅销书奖和晋版优秀图书奖，至今常销不衰，取得了良好的社会效益和经济效益，已经成为山西旅游文化图书的一个品牌。许多读者对她留下了深刻印象。

14年来，中国经济迅猛发展，已跃居世界第二大经济体，国民生活水平显著提高，精神文化需求空前高涨，消费结构明显不同，旅游市场变化很大。《中共中央关于深化文化体制改革推动社会主义文化大发展大繁荣若干重大问题的决定》如号角响彻神州大地，如春风拂过大江南北。文化大发展大繁荣的春天已经来临，文化与旅游深度融合的路径业已确定。《山西旅游风景名胜丛书》对山西旅游业发展曾经起到重要推动作用，但时代在前进，社会在进步，文化在发展，读者需求在提高。因此，我们决定出版《山西旅游风景名胜丛书》（升级版）。为了体现时代特色，满足一般游客需要，升级版做了以下改进：一是在内容上突出重点、亮点，不求面面俱到。二是增加大量图片，并用四色印刷，以达到以文解图，以图释文，图文并茂，相得益彰的效果。三是在行文色彩上，避免呆板、生涩的学究气，采用灵动活泼的散文笔法。

山西是中华民族的重要发祥地之一，历史悠久，文化灿烂，钟灵毓秀，风光独特。这里堪称中国古代建筑的宝库和中国地上文物博物馆，仅全国重点文物保护单位就有271处，居全国之首。这里拥有世界文化遗产、中国三大石窟之一的云冈石窟；这里拥有世界文化遗产、中国四大佛教名山之首的五台山；这里拥有世界文化遗产、中国现存两座古城之一的平遥古城；这里拥有华夏名山、五岳之一的北岳恒山；这里拥有世界现存最古老最高的木塔——应县木塔；这里拥有世界规模最大、规格最高的关帝庙；这里拥有举世公认的艺术瑰宝——永乐宫元代壁画；这里拥有历代修筑的长城3000多千米和雁门关等众多著名关隘；这里拥有八路军太行纪念馆等丰富而独特的红色旅游资源；这里拥有世界第一大黄色瀑布——吉县黄河壶口瀑布；这里拥有华北地区唯一保存的一片原始森林……

“人说山西好风光”，“左手一指太行山，右手一指是吕梁”。山西人民笑迎天下游客，走进娘子关，感受灿烂的三晋文化，领略独特的自然风光，体验淳朴的山西民情，分享晋善晋美之愉悦。这就是《山西旅游风景名胜丛书》改版提升的目的所在。

《山西旅游风景名胜丛书》（升级版）编委会

2012年季春

原版序言

从20世纪70年代末以来，经过近20年的经营与发展，山西省的旅游业已成为本省国民经济的一个重要组成部分。在古老的三晋大地上，东沿千里太行，西依九曲黄河，南自银湖之畔，北迄长城脚下，一大批具有鲜明特色的旅游风景名胜，正以其充满魅力的绚丽姿态吸引着来自国内外的游客。

人们通过一处处具体的旅游景区或景点，不断地了解和认识山西，山西人民则更希望通过向国内外宾朋展示这些名胜景观，以扩大山西的改革开放，振兴山西旅游产业，促进山西经济发展。正是在这样一个背景之下，我们编辑出版了这套《山西旅游风景名胜丛书》。

在编撰《山西旅游风景名胜丛书》过程中，我们自始至终本着准确、生动、简明、实用、图文并茂的原则。目的是为那些已经进入这些旅游景区或景点的游客起到实地导游和现场解疑的作用，同时也为那些因条件所限暂时尚不能实地旅游的朋友们起到一种神游的作用。

山西是中华民族的重要发祥地，现有世界文化遗产、国家与省级重点文物保护单位400余处。传说中的炎帝活动在上党地区，黄帝、嫘祖、后稷及史前三王尧、舜、禹也活动并建都在晋南一带；近代中国革命斗争，又给山西留下许多珍贵的革命文物，武乡八路军总司令部旧址、平型关战役旧址、刘胡兰烈士纪念馆……真可谓物华天宝，人杰地灵，历史悠久，文化灿烂。相信三晋大地上的风景名胜会呈现给中外游客一种形象而悠久的历史文化，展示出一个特殊而广阔的自然环境。

当您怀着浏览观光的惬意离开这些旅游景区或景点之后，希望《山西旅游风景名胜丛书》能够给您留下一个永久咀嚼和回味的话题。

《山西旅游风景名胜丛书》编委会

1998年孟春

一 娘娘滩简介

在当今中国，有一首几乎人人都能哼唱两声的民歌，叫《走西口》。可是对《走西口》诞生地——山西省的河曲县，人们却不一定很熟悉。而要说河曲县，首屈一指的景点便是被誉为“万里黄河第一滩”的娘娘滩。

河曲县地处山西西北边陲、晋陕大峡谷之东岸，娘娘滩则位于河曲县城东北的黄河河道之中。滩岛东西最长处约800米，南北最宽处约500米，四面环水，地势平坦，在整个黄河流域可谓独无仅有。民间相传，当年汉高祖刘邦听信吕后谗言，将汉文帝刘恒之母薄太后流放于此，薄太后在上游另一座滩岛上生下了太子刘恒，两岛便因此得名娘娘滩和太子滩。面积仅有0.16平方千米的娘娘滩，绿树成荫，田园如画，鸡鸣狗吠，鸟语花繁，五谷飘香，渔舟唱晚，宛若蓬莱仙境、世外桃源。岛上数十户居民日出而作，日落而息，凿井而饮，耕田而食，古朴而惬意，自得而怡然。

河曲还是走西口的策源地之一。伴随着一路血泪、一路艰辛，豪壮的汉子们将河曲山曲和由山曲发展而来的二人台以及那曲唱响长城内外、大江南北的《走西口》播撒到塞外草原，于是便有了那场伟大移民运动的象征——西口古渡和一年一度的河灯会。又于是，这里被誉为“民歌的海洋”“二人台的故乡”，河曲民歌、二人台和河灯会还先后被列为国家级非物质文化遗产。此外，河曲县民引以为荣的精神标识文笔塔，建造在悬崖之上的绝壁禅院弥佛洞，享誉晋西北的佛国名刹海潮庵，因壁画珍奇而著称于世、三教合一的岱岳殿，蜿蜒于黄河岸边的古长城，收留了戍边将士后裔的罗圈堡……无不彰显着历史的深广厚重，无不映射着文化的多姿多彩。

大河、峡谷，高原、翠峰，名塔、名刹，古堡、古渡，山曲儿、二人台，河灯节、酸捞饭……活脱脱一幅韵味独特的黄河风情图，正等待着您的光临，等待着您的欣赏！

目录
CONTENTS

壹 娘娘滩与太子滩

黄河之水天上来，奔流到海不复回。由青海省巴颜喀拉山脉一路东来的黄河，在山西省偏关县境内的老牛湾遇阻之后，便劈绝壁，越礁石，沿晋陕大峡谷横冲直撞，咆哮南下。可谁知，刚刚进入比较开阔的河曲县境内，河床中央却相继出现两座小岛，似中流砥柱，挡住了去路。浩荡奔腾的激流只好放慢脚步，一水中分，环绕小岛两侧继续前行。——这两座屹立于黄河河道之中的小岛，便是被称为“母子双滩”的娘娘滩和太子滩。

流播千古的民间传说

娘娘滩位于河曲县城东北15华里处的黄河河道之中。地处其上游、相距十多里的太子滩，是一座典型的石岛，高达数十丈，四围均为绝壁，陡峭异常，只有几条比羊肠小道还要“羊肠”的崎岖小路可攀援而上。岛顶倒也开阔平坦，但因地势高峻，土层浅薄，故常年干旱，树木花草都难以存活，近百亩薄田有无收获全看老天爷的脸色，因而

图1-1 娘娘滩全景

虽然岛上古代曾建过寺庙，却从未有人居住。而地处下游的娘娘滩却土地肥沃，草木茂盛，千百年来一直人烟不绝。岛上人家的户主全部姓李，据说是汉朝名将李文、李广的后裔（图1-1）。

李文、李广的后裔怎么会出现在“天高皇帝远”的晋西北？原来，汉文帝刘恒之母薄姬娘娘承幸怀孕后，其夫汉高祖刘邦听信吕后谗言，将其贬于宫外，李文、李广兄弟俩便护送薄姬娘娘沿黄河溯流而上，逃到这座人迹罕至的偏远小岛上。可当时小岛还是荒滩一座，既没有树木，也没有平地，更不长庄稼，少吃没喝，很难生存。见这情景，薄姬娘娘便拿出她的碧玉簪，在岛上刮了几下，当即就把乱石滚滚的荒岛刮成了平展展的良田。接着又在滩头扎了两簪儿，就又扎出两眼清凌凌的水井。然后，她和李文、李广兄弟及当地乡民便在滩岛上种瓜种菜种庄稼，养鸡养猪养牛羊，还亲手栽下几株海红树和海棠树。乐善好施的薄姬娘娘还精通医术，曾经

医救过当地的好多贫苦百姓，因而深得人们的敬重和爱戴，人们便尊其为“圣母娘娘”，将小岛叫作“娘娘滩”。有一次，薄姬娘娘去上游的另一个河岛上为百姓看病，适逢大雨，黄河水涨，结果被困于该岛，并在岛上生下了太子刘恒（实为刘邦第四子），人们便又将此岛称为“太子滩”（图1-2）。

从此，土地平展而肥沃的娘娘滩风调雨顺，五谷丰登。岛上居民有吃有喝，每年初春还能捞得上贡佳品开河鲤鱼。树上结的海红子个大肉嫩，味道鲜美，被称作包治百病的“长寿果”。小岛变得

图1-2　砥柱中流太子滩

越来越美，原先的荒岛很快就变成一处安居乐业的人间乐园（图1-3）。不想，这一切却引起了生性无常的河神爷的妒忌眼红。在他想来，黄河由我管辖，怎么能任由你们胡作非为？便想用水淹掉这个小岛。于是，黄河水便波涌浪翻，迅速涨了起来，眼看就要淹没岛上的房屋、树木、庄稼。薄姬娘娘见状，就又把她的宝物碧玉簪拿了出来，插在岛上。这一插不要紧，奇迹出现了：黄河水涨，小岛便也跟着往高长，河神爷怎么也淹不了这座小岛。而且，自从岛上插了这簪儿，河神爷还得了个头疼病，疼起来像锥子扎一般。弄清原委后，他只好派两个鱼仙女儿去向薄姬娘娘求情，答应再也不淹娘娘滩了，让薄姬娘娘拔掉碧玉簪。薄姬娘娘说："那好吧，我这就拔了碧玉簪。"她见河神爷的两个女儿

图1-3 大河就从身边过

善良贤惠，就顺手将碧玉簪赠送给了两个姑娘。两个姑娘得了宝物，非常感激薄姬娘娘。她们见薄姬娘娘身边的李文、李广两位武将生得威武英俊，不禁产生爱慕之心，便对薄姬娘娘说："娘娘真是太好了，身边又有两位将军守护，我们也想留在娘娘身边，侍候娘娘贵体，不知娘娘意下如何？"薄姬娘娘也看出了两个姑娘的心事，就说："那敢情好啊！就怕你父不答应哩！"两个姑娘说："我父好说。他要是不答应，就说娘娘不拔碧玉簪，他的头疼病就好不了。看他答应不答应！"薄姬娘娘笑着说："那好，就照你俩的主意去办吧！"两个鱼仙女儿随即回到水龙宫，将"求情"的经过如此这般说了一遍。河神爷怕头疼，只好让两个女儿与李文、李广兄弟成了亲。

后来，汉高祖病重，自感愧对薄姬娘娘，便封其子刘恒

图1-4　野渡无人舟自横

为代王（都城在今山西平遥县城西12华里处），封薄姬娘娘为代太后。高祖驾崩后，吕后专权十多年，也一命呜呼。太尉周勃和陈平等大臣先是平定诸吕叛乱，接着便拥立贤明的代王刘恒称帝，也就是开创了"文景之治"兴盛局面的汉文帝。"母以子贵"，薄太后本该随子回京城享受荣华富贵，但她不忍与众乡亲分离，就依旧留在了娘娘滩，李文、李广的后代便也跟着留下来，成了娘娘滩的永久性居民。人们有感于薄太后的懿行功德，其死后便在娘娘滩建了圣母祠（图

图1-5　圣母祠外景

图1-6　圣母殿

1-5）。因为据传太子刘恒是农历五月初五这天出生的，所以每年的端午节滩上还要举办庙会，焚香摆供，祭祀圣母，只是不能唱大戏。这一习俗经久不衰，一直延续至今（图1-6）。

大河独有的居人小岛

传说归传说，薄太后是否真在娘娘滩避过难？滩上居民是否真为李文、李文后裔？正史并无记载。《史记》亦只有薄姬“幸生男，是为代王。其后薄姬希见高祖。高祖崩，诸御幸姬戚夫人之属，吕太后怒，皆幽之不得出宫，而薄姬以稀见故得出，从子之代，为代太后”等寥寥数语。但娘娘滩千百年来一直有人居住，圣母祠一直香火不绝，却是不争的事实。有河曲县明代乡贤、曾任太仆寺少卿和应天府府丞的苗朝阳撰写的《重修圣母祠（汉后庙）碑记》为证（图1-7）：

圣母祠者，祀汉文帝母薄太后也。祠于黄河岸边者，河中有沙洲二，曰“娘娘滩”“太子滩”。父老相传，高祖贬薄姬于此地潜住，故名。夫薄太后生文帝，为吕后诬贬，载在野史，今壁间赵汉纪述考核甚祥。而河中二滩，邑志辨疑，不为无据，兹不具论。惟是二滩旧俱有庙，不审建自何时。今其遗址犹存，往往得瓦，头隶有“万岁富贵”字样，则当时为皇王圣后之庙无疑。缘河中汹涌，且北岸临虏，不便修复。正统元年，总兵李公谦改建于此，有碑可考。嘉靖甲寅，参戎王公怀邦重修葺之。今又四十年矣，岁久弗葺，几就颓废，吊古寻幽之士，每兴嗟焉。

图1-7 《重修圣母祠（汉后庙）碑记》

万历丙申春，今参戎林公巡边墉，渡二滩，延访往躅，载谒宇下，睹榛芜之侵蚀，喟然叹曰：“穷荒绝徼，幸有二千年古迹，不兴复于中洲，而改置岸边，已失故址，乃犹听其倾圮，莫之更新，司土者能无责乎！”遂毅然兴作。先是庙制坐南向北，公改负西面东。今观峭壁崔嵬倚其后，而洪涛滚滚拱抱前流，诚得地形之胜者。且大撤陈构，具起新观：中为圣后庙，三大楹，左右相向各三楹，前有门，门有匾，规制轩豁，翼翼森森。塑绘肖貌，有嫔妃、侍从之列，丹青绣饰，靡不庄丽。院南增一别舍，为修祀所。又古柏六株，更加培植，俨然一阙宫也。轮奂既饬，俎豆时陈，边徼故迹，焕乎一新。矧圣后既尝寓居于此，则方人享之或歆，格之或萃，洋洋乎陟降左右，且为一方福祚矣。是役也，经始于万历二十四年五月，越明年三月告成。公在营镇五载，百废俱兴。如：添守备，建城堡，增墩台，起样楼，亭障叠列。相望岸北，即河套故地也，每登边墙，瞪眸怅望，勃勃然有恢复志。夫河套要害，恢复机宜，详具于延镇图说，姑不赘陈。惟公廓清万里，即此略见一斑，使中外当事者，悉如公志，何事不可济，亦何边疆之足忧哉！公名桐，太原人，以世胄登武进士，为河保营参将，意气霍霍，嗣是绩用且无量。特因庙记，而撮其大者如此云。

而且，中华人民共和国成立后考古发掘时，人们在娘娘滩上确实发现过瓦当、砖雕和硕大的柱础等古代遗存（图1-8）。其中，古瓦长约一尺五，宽约6寸，整瓦呈半圆柱形，瓦当为整圆，上书“万岁富贵”四个汉隶清晰可辨，敲起来“咚咚”作响，看上去古色斑斓，可磨制很好的砚台。经专家考证鉴别，判定是北魏遗物。由此推断，早在北魏时期，圣母祠便已存在。明正统元年（1436年），原庙

图1-8 遗存的柱础

图1-9　娘娘滩出土的人面蜈蚣瓦当

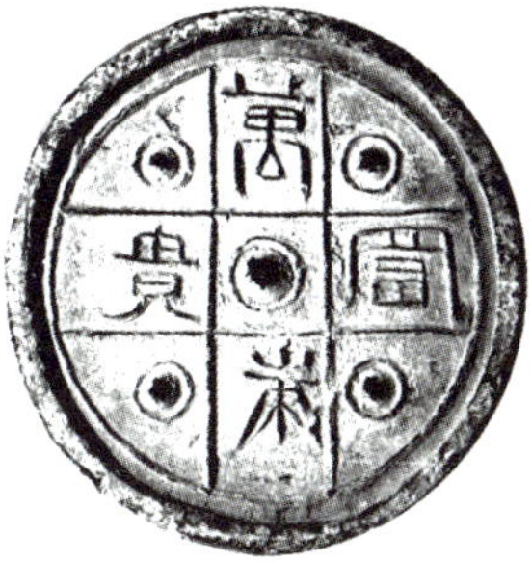

图1-10　娘娘滩出土的万岁富贵瓦当

倾圮（pí），因河水汹涌，不便修复，遂将庙宇改建岸边。正如前引碑记所述，改建后的圣母祠有正殿三大楹，左右配殿各三楹，还有宫门一座及钟楼、鼓厅、厨房、祭田等，配置齐全且构建宏丽，成为当时当地的一大景观。为此，清康熙、乾隆、咸丰年间又先后三次修葺。同治九年（1870年）发生火灾，毁正殿，旋又修复。此后由于年久失修，整座庙宇于20世纪60年代初期全部坍毁。改革开放以来，随着旅游事业的日益兴盛，圣母祠又得以重建，香火又日甚一日，再现往日盛况。不仅滩上居民依时祭祀，四方百姓也纷至沓来，以求得到圣母娘娘的护佑。

而在岛上居民看来，正是由于圣母娘娘的护佑，“水涨多高，岛长多高”，所以虽然滩岛最高处也不过高出水面三五米，千百年来曾屡遭洪水袭击，但横卧中流的滩岛却岿然不动，一直安然无恙，因而成为黄河长达5464千米的流程中独无仅有的居人小岛，受到世人的钟情和青睐，被誉为“万里黄河第一滩”。也因此，千百年来岛上居民日出而作，日落而息，凿井而饮，耕田而食，青山做伴，碧波为邻，涛声和鸣，河风相偕，古朴而惬意，自得而怡然，其生活简直与远离尘嚣的神仙无异（图1-11）。

同时，为了纪念薄姬娘娘落难于此，岛上还立了村规，就是绝对不能敲锣打鼓唱大戏，说是一闹这玩意儿，岛上就要出乱子。可是后来有些不信邪的年轻人置此村规于不顾，因而唱了三次大戏，结果滩岛被洪水淹没了三次，最近一次就发生在20世纪80年代。1980年，岛上又唱了一台大戏。1981年大年初一凌晨，黄河的冰凌水就漫上滩来，岛上人家全部被淹，只剩下了地势较高的圣母祠。此事立刻惊动朝野，副省长挂帅出征，军队派飞机炸冰排凌，岛上居民才幸免于难。事后，省、县两级政府拨专款在滩岛对面河岸上建一新村，仍叫娘娘滩，可村中的老年人却死活不肯搬离。他们说：只要滩上不再违背村规唱大戏，就没事儿！

图1-11 “黄河第一岛”

其实，黄河凌汛原本是与钱塘潮齐名的中国江河两大奇观。每逢初春时节，水鼓冰裂，原先冰封的河面便形成大

图1-12　冰凌扁舟

小不等的冰凌，随水流前呼后拥，争相前进，挤入狭窄、弯曲的河道或浅滩后便又堆积为冰塞、冰坝。一旦堆积、堵塞到一定程度，便会漫上河堤，造成水患。但这样的情况很少发生，一般情况下，冰凌总是“秩序井然”地随水而去，其景象甚为壮观，反倒成了娘娘滩的特有景观（图1-12）。

当然，娘娘滩之所以为人们钟情青睐，说到底还是因了她那世外桃源般的天生丽质和迷人风采。

天生丽质的世外桃源

与我们平时见到的岛屿不同，娘娘滩是一座地地道道的“土岛”。滩上300多亩农田不仅开阔平展，而且土层深厚，土质肥沃，水源充足，耕植方便，种什么长什么。远远望去，四面环水的滩岛绿树参天，果木滋荣，田畴交错，禾苗茂盛，俨然一块镶嵌在大河之中的绿色翡翠，又像是一个未加雕饰的天然盆景。因而早在清道光年间，进士出身的河曲知县曹春晓就写过一首盛赞其天生丽质的《娘娘太子滩》：

黄河迤逦渺无端，
忽向中流露两滩。
麦穗连云迷雁阵，
杨花坠雪冒鱼竿。
平安惯引扁舟渡，
富贵时寻片瓦刊。
太子娘娘看不见，
至今犹说汉宫残。

180多年过去，“麦穗连云”“杨花坠雪”依旧，娘娘滩仍然是那么迷人，而且越来越美。特别是春夏两季，乘一叶“扁舟”上滩，但见滩上“榆柳荫后檐，桃李罗堂前”。所有耕地畦田相连，满目葱翠。玉米、小麦、葵花、油菜、花生、棉花、绿豆、芝麻、茄子、西瓜……高低错落，色彩缤纷，五花八门，应有尽有，且都是纯天然的无公害作物。乔木则有松、柏、杨、桦、榆、柳、槐，其中以

图1-13 绿荫掩映农家院

图1-14 田畴如画

图1-15 杨柳依依

柳树最为多情，春天里柳絮轻扬，成为这里一道独特的迎客风景（图1-15）。果树同样种类繁多，有桃、杏、梨、枣、槟、苹、李等，其中以海红最为长寿，滩上存活已逾300年的“老寿星”不在少数。而且，它是晋、陕、蒙交界处的特有树种，貌不惊人却营养价值颇高。绿树掩映下的农家院里，刚刚下过蛋的母鸡一阵邀功请赏的“咯咯”声，再伴以几声“汪汪”的狗吠，更给人一种“鸟鸣山更幽”似的感觉。就连原本放荡不羁的黄河，到了这里也变得驯顺温柔起来，悠然自得地从滩岛两侧缓缓流淌着，几乎没有一丁点声响，生怕扰乱小岛的安详。而那几眼不知凿于何年何月、至今仍在服役的撑杆汲水的古井（图1-16），似在无言地展示着“日出而作，日落而息，凿井而饮，耕田而食”的田园生活……倘若不是有摆渡小船来往于滩上与滩外之间，真会以为又回到了“采菊东篱下，悠然见南山”的陶渊明时代。即便是到了红衰翠减时节，依

图1-16 撑杆汲水的古井

然有挂满枝头的海红果绽放着张张笑脸，吐露着难以抑制的丰收的喜悦。进入大雪纷飞的严冬，则又可立于岛上，领略“千里冰封，万里雪飘。望长城内外，惟余莽莽；大河上下，顿失滔滔。山舞银蛇，原驰蜡象，欲与天公试比高”的北国风光（图1-17）。

神奇动人的民间传说，得天独厚的地形地貌，原始古朴的田园风光，秀美瑰丽的自然景色，理所当然受到中外游客和文人学士的喜爱。来此探幽寻胜的作家，有之；来此挥毫泼墨的画家，有之；来此捕捉镜头的摄影家，有之；来此选取外景的影视剧组，亦有之。1960年，著名记者吴象在《人民日报》发表《岛上人家娘娘滩》一文，娘娘滩开始为世人所知晓、关注。1980年，著名作家

图1-17 “山舞银蛇，原驰蜡象”

雷加则在其《走西口》一文中断言："如果在黄河上建造水上公园，这里（指娘娘滩）是再合适不过的地方！"由山西电影制片厂拍摄的七集电视剧《苦娘》亦曾取景于这里。当代著名歌词作家张枚同先生游览之后更是满怀激情地写下了一首脍炙人口的《黄河上有个娘娘滩》：

图1-18　丰收乐

黄河上有一个娘娘滩，
长长的小岛像只船。
岛上有古庙，
船上有庄田，
鸡鸣三省阳婆婆红，
几千年漂过九十九道湾。
哎，
娘娘滩呀娘娘滩，
古老的故事新新的天，
推船的女人扳船的汉，
祖祖辈辈吃着一碗黄河饭。

黄河上有一个娘娘滩，
长长的小岛像只船。
吹着黄河风，
望着黄河岸，
春天的冰凌夏天的浪，

图1-19　海红满枝

图1-20　鸟语花香

练就了男男女女一身胆。

哎，

娘娘滩呀娘娘滩，

小地方也是一道风景线，

号子声迎来四方的客，

好一处黄土地上的桃花源。

“好一处黄土地上的桃花源”！何谓生态文明？何谓回归自然？何谓人与自然和谐相处？娘娘滩就是最为形象具体的答案。

不过，漫步于世外桃源般的娘娘滩上，如若眺望上游的太子滩，熟悉当地情况者有时也不免生出些许遗憾。本来，娘娘滩和太子滩并称为“母子双滩”，是一血脉相连的整体，可如今却“天各一方”“母子分离”。原来，早在

图1-21　大河夕照

乾隆四十八年（1783年），清政府曾下令将黄河西岸今内蒙古鄂尔多斯市准格尔旗境内64个“三不管”的自然村划归山西省的河曲县代管，主要代管案件官司。中华民国七年（1918年），民国政府又正式将这一区域划归河曲管理。中华人民共和国成立后，1950年重新进行行政区划界，不但将那64个自然村划归准格尔旗，而且连太子滩也当作“添头陪头”划了过去，结果便出现了“母子分离”的局面。有人戏言，说是贵为“太子”的太子滩也背井离乡走了“西口”，希望有一天能“母子团圆”。对此，也有人持相反观点：这怎么能叫“母子分离”？应该叫“母子情深”。蒙汉自古是一家，长城两边是故乡嘛！

贰 弥佛洞与海潮庵

在河曲，可看可观的景观自然远不止娘娘滩一处。比如，与娘娘滩一河之隔、建于岸边高地上的罗圈堡，便是一处颇具代表性的古代战争遗存。其形如罗圈，故名。它是当年从偏关到河曲沿黄一线修筑的“河险长城”链条上一个重要指挥中心，现居堡内的300余口鲁姓为主的村民，据传便是当年从内地远道而来的戍边将士的后裔，与娘娘滩李姓不同根而同源。堡墙原为砖包，后城砖丢失，成了土堡。但那居高临下的位置，雄姿依然的容貌，辅以两侧坡梁上时隐时现、蜿蜒曲折的河险长城，无不彰显着战争的风云和历史的沧桑。而且，20世纪六七十年代“备战备荒”，这块战略要地上又多了一个盘根错节的防空洞“地道战”系统，为古战场遗址又添加虽不怎么现代化却也极富时代性的一笔。古今相续，常常使人流连忘返，产生无限遐思和感慨（图2-1）。

此外，还有弥佛洞、海潮庵、岱岳殿等名胜，也都久负盛名，特色独具，同样值得“到此一游”。

图2-1　雄姿仍存罗圈堡

绝壁禅院弥佛洞

弥佛洞位于刘家塔镇石城村村西黄河绝壁上。据考证，弥佛洞所在的石径禅院早先是“以洞为寺”，初建于明代，扩建兴盛于清咸丰年间到民国初年。当时，随着走西口移民大潮的涌动，黄河水运已相当发达，跑河路到内蒙古包头和河套地区运送货物的船只络绎不绝。而黄河经偏关的老牛湾、万家寨进入河曲境内后，有一段长约14千米的峡谷（图2-2），两岸石壁陡峭，怪石倒垂，河岸高度平均70米以上，河床全部是石灰岩，平均宽度300余米，人们便称这一河段为“龙壕”，龙壕出口处也因此而得名“龙口”。河水经流龙口时，河床骤然变宽，落差忽然加大，响声如雷，动人心魄，便又形成了河曲旧志所称八景之一的“龙口雷声”。由于整个龙壕峡谷内礁石遍布，水流湍急，船工们便称这段河道是“神门，鬼门，难逃活生”的险地难关。为了顺利通过一道又一道的“神门”“鬼门”，人们便对弥佛洞古寺进行了扩建，以求得到佛爷的荫庇护佑。

扩建完善后的弥佛洞古寺由上禅院、下禅院和弥佛洞三个互相连接的部分组成。上、下禅院建有靠山凿洞、就地取材、砖石包面的窑洞数十孔。上院入口处，过庭门头刻有“石径禅院”匾额一块，两侧有石刻楹联一副：

古洞无灯凭月照
山门不锁待云封

进入上禅院，首先扑入人们眼帘的是东窑门头的一长溜连环画式的精美砖雕（图2-3）。砖雕共计数十幅，其图案为龙飞凤舞、喜鹊闹梅、戏剧人物等，其中10幅戏剧人物浮雕最为引人注目。图案内容分别为《白蛇传》的《游湖》，《渭水河》的《钓鱼》，《春秋配》的《捡柴》，《打子上坟》的《上坟》，《打渔杀江》的《杀江》，《八义图》的《朝房》，《打金枝》的《上殿》，《牧羊圈》的《舍饭》，《三娘教子》的《教子》，《白蛇传》的《祭塔》等场面，雕刻极为精致，被戏

图2-2 峡谷风光

图2-3 弥佛洞上禅院砖雕

图2-4　弥佛洞栈道

剧史专家视为我国戏曲文物珍品，已载入《中国戏曲志·山西卷》。此外还有骆驼运输、奔马驴驮等内容，反映了当年河曲人走西口，蒙、汉民族之间进行的经济文化交流活动，也是难得的历史遗存，颇具研究价值。

逐阶而下，进入下禅院，眼前景象又为之一变——好似进入了一个露天石窑。四周石窑都是依山凿成，窑内分别供有河神、观音、八洞神仙等神像，僧人亦居住此院。

走出下禅院的石洞口，低头下望，是齐刷刷像刀削一般的百余丈深的悬崖峭壁。峭壁底部，就是呼啸翻滚、奔腾而过的黄河。顺着在石壁上开凿的羊肠小道前行，走不远有一独木小桥。桥面狭窄，桥下是百丈悬崖，人们每每手足并用，方敢举步。桥头一端建有石门，门头刻有“悬空界”三字。穿过石门继续前行300余步，便是绝壁奇观弥佛洞（图2-5）。

弥佛洞建在一个天然石洞

图2-5　弥佛洞洞口

图2-6　从弥佛洞俯视黄河

中，洞的高、深、阔各约3丈有余，怪石倒垂，犬牙交错。抵达石洞洞掌，上登23个台阶，又有一石洞，深、高各约两丈，内供大肚弥勒佛像一尊，高约7尺5寸。佛像背后仍有洞穴，其深莫测。相传，当地村民做红白事筵需要碗筷，只要跪到佛像面前叩三头，便可到佛像背后的洞内去取。需要多少，就能取出多少。但是，事筵过后，必须及时送还。如若不还，佛爷就会降罪。民间传言，民国初年有一村民给大儿子娶媳妇做事筵，借走360副碗筷。事筵过后，他半月没还，没有报应；一月没还，也没有报应。于是，他就将碗筷据为己有，还向旁人出借租赁，赚点小钱，结果一直未见报应。第二年，这位贪得无厌的村民又准备给二儿子娶媳妇，就又来到弥佛洞向佛爷祷告借碗筷。他叩了三个头之后，便径直到佛爷背后的洞里去取。不料，进去之后就再也没出来。家里人曾经掌灯爬行入洞寻找，一罐灯油燃尽，都没见到洞底。这时，前来寻找的人们忽然听得洞内狼嚎鬼哭，怪声不断，一个个吓得魂飞魄散，慌忙退了出来。从此，再也无人敢入此洞。据说，此洞山那面原本有一个出口，寺里的老和尚是知道的。但打这以后，出口就再也找不到了。你看奇也不奇（图2-6）！

但弥佛洞更加迷人之处还是在洞外。由于洞窟地处龙壕峡谷中段的绝壁上，置身洞口，头顶是倒挂欲摧的巨石，脚下是呼啸奔腾的黄河，对面是云雾缭绕的高山（图2-7），身后是幽深莫测的洞窟，神秘、奇异、险峻、壮阔，仅此便足以令人惊叹不已。凭栏俯瞰，龙壕峡谷的壮美风光和“龙口雷声”的恢宏气势则可尽收眼底。这时再来回味那副“古洞无灯凭月照，山门不锁待云封”楹联，对其意境方心领神会，可真是让人称奇叫绝的神来妙笔。以故著名画家吴冠中以及白庚延、许仁龙等曾来此写生作画，《老河》《黄河人》等大型电视剧亦曾在这里拍摄过外景。如今，其下游由于与万家寨水利枢纽工程配套的龙口电站的建设，“龙口雷声”已不复存在，“龙壕”内的黄河水也变得格外驯顺。但立足弥佛洞，眼前出现的又是另一番动人心魄的景象：脚下是令人目眩的百丈悬崖和因阳光反射而鳞波斑斓的黄河

图2-7　群山巍巍

"巨龙"（图2-8）；下游是龙口电站的现代化英姿和大坝内碧波荡漾的高峡平湖；上游亦添一壮景——准（准格尔）朔（朔州）铁路横跨黄河的单孔特大桥，大桥跨度达400米，凌空飞架，蔚为壮观……面对眼前的一切，任谁都会心胸豁然开朗，顿生感叹：江山如此多娇（图2-9）！

而且，如果赶得巧，正赶上这里举行古庙会，游客还可亲身体验一番黄河民俗风情的独特韵味。

在别的村庄，古庙会一般都是一年举办一次，而弥佛洞所在的石城村却是一年两次。一次是农历正月初八的"迎神祭祖节"。民间相传，正月初八是大禹治水开通龙壕峡谷险段的祭祀日，石城人则是当年开山治水民工的后裔，所以祖祖辈辈都是开山凿石、修桥碹洞的能工巧匠，弥佛洞古寺亦是其祖先的杰作。因此，他们把正月初八称为"迎神祭祖节"。每到古会日这天，大河两岸十里八村的乡亲们，如河曲梁家碛、河湾渡、娘娘滩及河西内蒙古马栅、榆树湾、浪上等地的河路汉及其子弟，都要逆水而上，或踏冰过河，带着寿桃花馍、油糕枣陀等供品和香纸赶来参加祭祀活动。一

图2-8 远眺龙口

图2-9 朔准铁路黄河特大桥

图2-10　石城村糕塑灯游会之糕灯

些走西口移居包头、临河、磴口等地的河曲籍老船工后裔，也要翻山越岭赶回故里，参加这一盛会。

另一次是农历二月十九的“人口社”，又名“人畜兴旺节”。这一天，全村各家各户都要粉刷窑洞，清扫院子，邀请亲朋来过会。整个古会唱戏三日，还有自办的二人台演唱和八音会吹奏活动。弥佛洞古寺也点灯焚香，钟磬齐鸣。前来祈祷的信众摩肩接踵，甚是热闹。

同时，石城村还有一会——村民自办的糕塑“十二属相”灯游会。举办灯游会这天中午，全村家家户户都要吃黄米糕，捏糕灯盏，有几口人便捏几盏，一人一盏，并要依照各人的生肖属相来捏。如属鼠，就捏个鼠形灯；属牛，就捏个牛形灯……另外每家还要加天、地、水三盏灯，天灯一般捏成玉兔闹月形，地灯一般捏成老农锄田形，水灯一般捏成二龙戏珠形。石城村有700多口人，总共要捏糕灯千余盏。有道是：“石城男人出巧石匠，石城妇女是巧糕匠。”她们捏的糕灯盏，千姿百态，栩栩如生，令人叫绝（图2-10）。夜幕降临后，人们便点燃糕灯，由家长带领，端上糕灯到村中广场上集中。接着便由八音会吹奏乐曲在前面开道，全体村民列队到古寺及村中主要街道巡游一圈，然后再回到村中广场上，将所有糕灯放到九只大方桌上，摆成九曲黄河阵图案。随后人们便围着方桌，欣赏和品评各家糕灯的优劣。此古会甚是别致壮观，您如有幸赶上，一定会对这一极具特色的民间习俗留下终生难忘的印象。

佛国名刹海潮庵

海潮庵亦名海潮禅寺，位于河曲县城东南40千米的旧县乡旧县村东南500米处，是晋西北保存最为完整、香火最为旺盛的佛寺（图2-11）。

据寺内清康熙八年（1669年）与乾隆十四年（1749年）碑记载，海潮禅寺创建于明代万历年间。相传，当时有母子二人来到这里，儿子叫显存，母亲姓名不祥。母子俩见“山环水绕，地幽而洁”，即辟土创建，砌窑洞一孔，上建高楼三楹，塑观音菩萨像；接着又砌西窑两孔，上建禅堂静室，一座庙宇便初具规模，并起名为“海潮庵”，香火也日益兴旺。谁知，明末王嘉胤造反，却将

图2-11 海潮庵全景

图2-12　海潮庵山门

庙宇付之一炬，楼殿禅堂俱化为灰烬，只留下几孔窑洞。清顺治、乾隆年间重修，方“栋宇生辉，垣墙焕色”。道光二年（1822年），有扬州北来寺高僧璞山上人云游到此，见清境堪挹，足以习静而养真，遂受聘任方丈。其广为募捐，补残修废，使寺院面貌焕然一新，僧人增至99名，璞山上人也因此被尊为海潮庵的“开山祖师”。璞山上人圆寂后，其弟子静修和尚“苦行清修，笃承师志，凡其师所为功德于是庵者，竭力为之，久而不懈”（清黄宅中所撰《重修海潮庵碑记》）。并派弟子东出雁门，北游塞外，西过长安，南历黔蜀，跋涉万里，艰苦备尝，募化以兴工役。经十余年缔造经营，四面窑楼建成，整座寺院台榭高敞，绿荫覆庭，一座禅林胜地的格局基本定型。同治十一年（1872年），心田和尚又主持建成藏经殿，此后又陆续改建了十方院，新建了藏经殿西院和九师塔院，一处在晋西北黄土高原难得一见的寺庙建筑群便臻于完善（图2-12），从而吸引了不少高僧大德，更吸引了河曲本土和大河两岸、周围县份的无数善男信女，成为享誉四方的佛国名刹。现任中国佛教协会副会长、全国政协委员、山西省佛教协会会长、五台山佛教协会会长、五台山碧山寺方丈的妙江法师，当年便曾慕名来此修行一年多。

海潮庵坐北向南，隐于起伏山峦的腹地之中，北靠高坡，南临横贯河曲东西的大涧河，东西两面溪水环绕，总面积7200平方米。从远处眺望，只见寺外高岗雄峙，山环水绕，古槐参天，鸟语成韵，寺内松柏常青，宝塔高耸，香烟缭绕，钟磬悠扬，看一眼即可使人着迷陶醉。清代训导郝廷栋《同诸生游海潮庵》诗云：

重来胜地访清幽，
乘兴先登万法楼。
佛隐云龛嗔复喜，
寒生古洞夏疑秋。
山花杂沓迎门放，
涧水萦纡绕寺流。

图2-13　殿堂栉比

图2-14　海潮庵观音堂

识得冠童风浴意，
不妨便作舞雩游。

但更加令人惊叹之处还在寺内。寺内共有12座庭院，数十座楼阁，72间各种建筑。进入悬有“海潮庵”横匾的山门，司房窑、观音殿、藏经殿随山势节节升高而分为3层。寺庙的整体布局，即以此三点一线为中轴，东侧有钟楼、斋堂、藏经楼、碾磨院、菩提院、九师塔院；西侧有鼓楼、藏经楼、十方院、牛犋院、方丈院、水月院。院落之间以隔墙曲折分割，以洞门豁然相通。门洞下不是层层石级，便是鹅卵石铺就的小路，把亭台楼阁曲曲折折地系在一起。每进一门，都别有洞天，曲折有致，无一不使人感到建筑形制的错落缜密，回环幽雅。特别是九师塔院下面的海潮庵园林，占地3亩多，山重水复，山则峥嵘崎岖，水则涵孕其间，上是山崖立地，下是古涧深渊，穿行其间，人们会不禁想起唐人常建“清晨入古寺，初日照高林。曲径通幽处，禅房花木深。山光悦鸟性，潭影空人心。万籁此俱寂，唯闻钟磬声”的著名诗句（图2-15）。

寺内的殿堂楼阁，多为拱顶式砖券窑洞，充分展现了黄土高原独有的寺庙建筑特色，在别处同样难得一见。即便与同在忻州市境内的五台山的寺庙相比，差异也非常明显。也有部分建筑为木作结构，飞檐斗拱，雕梁画栋，布局奇特，结构严谨，亦展现了较高的建筑艺术水准。其中，藏经殿面阔三间，进深两间，卷棚式歇山顶，斗拱为五踩双翘计心造，是寺内木构建筑的代表，堪与别处的清代木构建筑相媲美（图2-16）。

此外，寺内还有镇寺之宝——康熙皇帝嘉奖该寺住持的“千佛衣”，以及如来、观音、地藏菩萨等塑像20余尊，壁画25平方米，牌匾20多块，

图2-15 海潮庵大殿

图2-16 海潮庵藏经殿

图2-17 海潮庵石径

碑铭30通，楹联数十副，桩桩件件无不洋溢着浓郁的佛教文化气息。尤其是那些碑铭，细读之不仅能知晓海潮庵的历史沿革、修葺始末，而且对当时当地的政治、经济、文化亦能有所了解，还能体味到海潮庵历代僧人为弘扬佛法、延续香火所付出的艰辛努力和可贵精神。

还应特别一提的是，1941年6月，中国共产党创办的早期干部学校之一、著名的晋绥二中（初名“晋西北第四中学”，后改称“晋绥边区第二中学”，简称“晋绥二中”）便初创于此。该校以培养革命干部为宗旨，为取得抗日战争的最后胜利和中华人民共和国的建立培养了一大批杰出人才，在当代革命史上留下浓重一笔，也给海潮禅寺的历史注入鲜活内涵。

绿水碧波绕寺院而鸣奏，亭台楼阁随树影而闪烁。优美的自然景色，独特的建筑格局，浓郁的佛教气息，珍贵的历史文物，使海潮庵这一佛国名刹声名远播，因而早在1986年便被列为省级文物保护单位。

同样是在1986年，河曲还有一处古建筑被列省级文物保护单位，那便是以壁画著称于世的岱岳殿。

三教合一岱岳殿

岱岳殿位于河曲县城东5千米的岱岳殿村西南梁峁上。村庙同名，这在山西全省乃至全中国恐怕也不多见。虽

图2-18　岱岳殿外景

图2-19　正殿东岳大帝塑像

然，多年前该庙就已改称“岱岳庙”，而且按理就应该叫岱岳庙，因为庙的正殿才叫岱岳殿，但是人们习惯上仍旧称其为“岱岳殿”。碑记载，此庙创建年代最晚为金天会十二年（1134年，一说始建于金皇统元年，即1141年）。建成至今八百多年来，庙宇屡遭毁损，又不断地重建、修葺。现存建筑大部为明清所遗（图2-18）。

岱岳殿坐北朝南，南北长65米，东西宽50米，占地面积3250平方米，现存各种单体建筑16座。前有山门3间，单檐硬山顶，内有青龙、白虎二门神持械守卫。两旁为钟、鼓二楼，再旁为二便门。进入山门，中轴线上的建筑分为三层，依次为过厅、正殿（天齐殿）（图2-19）、酆都殿。西边由前往后分别有龙王殿、灵官殿、地藏殿、奶奶庙（亦称娘娘庙、圣母庙）；东边由前往后分别有禅堂、阎王殿（已毁）、关帝庙、岳王庙（也称岳武庙）、玉皇阁、日月宫、“光明如来”释迦宫、包公祠。除日月宫为砖砌窑洞外，其余均为木结构。

该庙属道教庙，因其主神是道教的东岳天齐仁圣大帝，所以过去曾有“东岳庙”“天齐庙”之称。民间传说，姜子牙助武王灭纣后，敕封诸神，黄飞虎被封为东岳天齐仁圣大帝，总管天上地下和人间的吉凶祸福，其领地在五岳之首即东岳泰山，而泰山别称“岱”“岱岳”，人们就把此庙称为“岱岳殿”，是以一殿之名命全寺。又因东岳大帝被加敕一道执掌幽冥地府十八重地狱，故岱岳殿也常被称作“岱狱殿”。虽仅一字之异，却平添许多神秘色彩。

因是道教庙宇，岱岳殿的主体亦属道教，但寺内也供奉有佛教诸神和民间俗神，儒、道、佛三教合一，同时祭祀，几乎无所不包。正殿供东岳及其他四岳大帝，酆都殿供酆都大帝和六曹判官，龙王殿供龙王娘娘和其子孙，灵官殿供三眼王灵官，地藏殿供地藏王菩萨和十王，奶奶庙供送子娘娘，玉皇阁供玉皇大帝，日宫供观音菩萨，释迦宫供释迦佛祖（图2-20），月宫供普贤菩萨，等等。游览中，一尊尊各具情态的神像让人目不暇接，眼花缭乱，恍如走进神佛雕塑的艺术殿堂，又仿佛置身于光怪陆离的神话世界，有人便戏称之为“神仙个体协会”“宗教事务联合国”，令人大开眼界，百看不厌。同时，岱岳殿的这一独特构成也从一个侧面反映了中国民间信仰的丰富和包容，堪称是一本研究中国民间信仰形象生动的活字典。

图2-20 释迦宫释迦佛祖塑像

寺内现存碑记甚多，计有明正德、嘉靖、万历年间石碑3通，清顺治、康熙、乾隆、咸丰、同治年间石碑6通，均有一

图2-21　岱岳殿壁画

图2-22　岱岳殿壁画

定的史料价值。但最为珍贵的还是那些总计100多平方米的古代壁画及题字。寺内壁画大多创作于明代和明代之前的金、元两代，部分为清代绘制。其内容或自然万物，或三界众生，场面宏大，形式多样，造型生动，色彩斑斓，是研究金代及元、明、清壁画难得的珍品，颇受专家、学者和文人的青睐，艺术价值颇高。该寺被列为省级文物保护单位的主要依据正在于此（图2-21、图2-22）。

若论环境，该寺砖石铺院，古柏参天，花香四溢，甚是优雅。其中正殿右前方还有一株需两人才能合抱的千年古柏。古柏高约四五丈，虽老干虬枝，盘曲嶙峋，却枝繁叶茂，四季常绿，依然壮实。相传，北宋时这里曾有过一大片原始森林，后来由于自然和人为等原因，致使树木锐减，该寺创建时已所剩无几，只有这株古柏聚天地之瑞气，蕴日月之精华，集三教之祥光，顽强地存活了下来。它像一个饱经风霜的老人，毫发无遗地见证了岱岳殿古往今来的历史变迁；又似一位忠贞英武的壮士，不知疲倦地守护着岱岳殿这座三教合一的古寺。古柏有心，古柏有情，古柏有灵。面

图2-23　千年古柏

对古柏，人们往往会驻足停留，默默祷告：愿古柏长青，永佑圣境（图2-23）！

同古柏一样，许是沾了天地之灵瑞之气，岱岳殿的村民能歌善舞，是河曲民歌二人台最具代表性的村庄。该村的已故二人台名角李法子则是中华人民共和国成立后最具代表性的河曲民歌二人台传承人，曾应邀到山西省艺干校教唱二人台，还被阳高县民间歌舞团请去传艺带徒一年有余。1953年中央音乐学院的专家们到河曲采风，该村是重点中的重点，采集到的数量也最多；1956年河曲二人台剧团成立，亦是以该村由李法子牵头创立的村办二人台剧团为班底；1957年，全国第二届民间艺术会演在北京举行，山西省代表团从河曲选拔的15名演、奏人员也主要

图2-24　壁画天齐会

出自该村，其中，年仅15岁的女演员张林燕和柳凤英演唱的《珍珠倒卷帘》还被评为优秀节目，并参加了招待外宾演出。

岱岳殿也有古庙会，时间是在每年的农历三月二十八。因为这一天是天齐大帝的祭日，故称“天齐会”，是远近闻名的一大盛会。届时，山门对面的戏台上要唱大戏，来此进香拜神、赶会看戏者甚多。庙内庙外人山人海，热闹无比。应当一提的是，庙会期间销量最大的货物是一种小泥人，据说此物可消灾免病，因而好多人都要购买，是岱岳殿古庙会特有一景（图2-24）。

叁 走西口与河灯会

在前面的介绍中，已多次出现“走西口”这一字眼。不论是河曲县还是与之毗邻的保德、偏关，不论是忻州市还是山西省，始于明末清初、延续二三百年的“走西口”原本叫“走口外”或“跑口外”。只是由于一曲《走西口》唱红了长城内外、大江南北，国人对与“闯关东”“下南洋”并称为近代中国三大移民潮的“走口外”“跑口外”才开始有所了解和关注。于是，约定俗成，“走西口”便取代“走口外”和“跑口外”而为世人所认可、接受。孕育了走西口的河曲县，知名度亦随之提升。人们提到河曲县，总会想起走西口；提到走西口，也总会想起河曲县。事实上，河曲人不仅是走西口的先驱和主力，而且在相当长一段历史时期内，河曲全县的社会生活的确是与走西口紧密相连，并因此而留下一笔弥足珍贵的文化遗产。

走西口走出一部创业史

河曲保德州，

十年九不收。
男人走口外，
女人挖苦菜。

这首广为流传的民谣，言简意赅地道出了走西口的基本原因：自然条件的恶劣和经济生活的贫困。所以，“哥哥你走西口，小妹妹泪长流”，走西口首先是一首血泪歌、苦难歌。“上杭盖掏根子自打墓坑，下石河拉大船驼背弯身，进后套挖大渠自带囚墩。走后营拉骆驼自问充军，大青山背大炭压断背筋。高塔梁放冬羊冷寒受冻，乌梁素打芦苇卧雪爬冰。遇‘传人’遭瘟病九死一生，沙蒿塔子碰土匪几乎送命……”因此而葬身口外大漠荒原者难以数计（图3-1）。

同时，走西口又是一条活命路、创业路。“西口外地面高，西口外收成好，人人说西口外，小簸箕撮元宝。”“撮元宝”当然有点夸张，真正“撮”得元宝者为数极少，但西口外广袤肥沃的河套地区和土默特平原，确实给走西口的人们提供了养家糊口以至发财致富的广阔天地。要不，人们何以会在长达二三百年的时间里，矢志不渝，前赴后继，一代接一代地走下去？其结果，既促进了口外特别是内蒙古中西部的开发，也推动了口内经济社会的进步，开创了口外口

图3-1　《走西口》手抄本

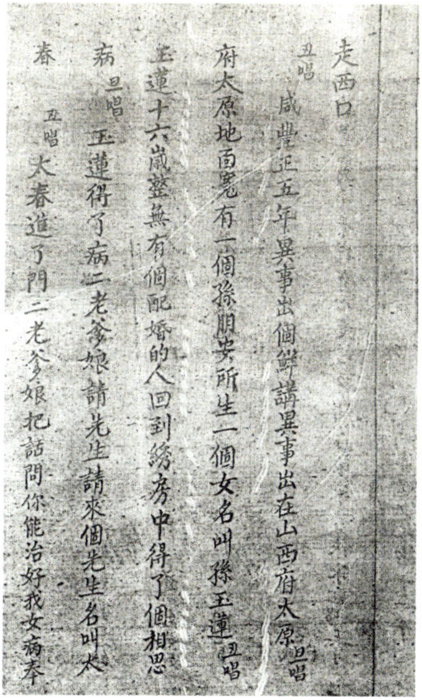
走西口
丑唱　咸豐正五年異事出個鮮講異事出在山西府太原　旦唱
府太原地面寬有一個孫朋安所生一個女名叫孫玉蓮　丑唱
玉蓮十六歲整無有個配婚的人回到綉房中得了個相思
病　旦唱　玉蓮得了病二老爹娘請先生請來個先生名叫太
春　丑唱　太春進了門二老爹娘把話問你能治好我女病奉

内同发展的“双赢”局面。

先举两例：

一是“杨家河”的修筑。清同治年间，河曲人杨谦带着两个儿子满仓和米仓流落到口外，先是在准格尔旗租种土地。但辛苦一年，所剩无几，满仓、米仓长大后死活要往河套走，老杨一家便搬到了五原白家地，后又跑到五原地商王同春的“同兴号”当了挖渠民工。兄弟俩先是受苦，直受得皮肉皲裂手上老茧半寸厚。后来便协助掌柜看地形，观察流向，掌握水性，居然学会了画图纸。王同春很是赏识，在开挖沙河渠时便任命杨满仓为该渠经理，然后又让他们单独包租了卜尔塔拉户口地，自行测量设计并组织地商佃户开挖了三条支渠。羽翼既丰，杨氏兄弟便辞别河套首富王同春，雄心勃勃地来到乌拉河灌域，发誓要发家立业，一振杨氏门庭。他们昼夜勘测，终于掌握了乌拉河东畔水流地质情况，用几年时间绘制出开挖杨家河渠系草图。接着，兄弟俩便带领茂林、文林、云林等9个儿子闷头苦干13年，修筑成一条干渠总长64千米、渠宽8丈、水深9尺的“杨家河”，另外还有总长50多千米的支渠4道，可灌溉耕地达130余公顷。沿渠还建有大桥五座，渠里可行舟船，桥上可走车马。渠既挖成，河两岸田畴绿野，村落点点，荒原顿时变为膏腴之区。杨家子弟每人拥地千亩，骡马成群，鸡猪无算。各家皆有店铺，且拥有大船数十只，往来于包头与河曲之间。杨家河所在地亦因此而改为米仓县（图3-2）。

二是“田油坊”的创建。

图3-2　杨家河

清道光年间，河曲董家庄村的田开生、田开成兄弟俩到得口外，先是落脚乌拉山，靠给人做木制农具糊口，后来移居包头镇附近的二道河村，以租田耕种为生。传到第二代，田开生之子田成仁给王家圪旦地主王羊羔做长工时，因为人憨厚，干活勤快，王羊羔很是赏识，便将自己的女儿许配与他。于是，田成仁在岳父帮助下买了70亩地，后来又办起了油坊，人称“田油坊”。凭着出租土地和榨油卖油两条门路，油坊的资本日渐雄厚，又先后在包头的黄草洼、前营子、四道沙河、毛凤章营购买土地1700余亩，每年雇佣长短工多达120余人。油坊规模也越来越大，仅官井梁油坊就有6个大油柜，每个油柜能存油500斤。为经营所产粮油，田家还相继在包头开设复顺恒、复顺泉、复顺长、复顺久、复顺兴、复顺成、复顺源等店铺，独占包头粮油行之鳌头。光绪四年（1878年），又开设义盛泉粮店，包头城从此有了义盛泉巷这一地名。此外，田家还是包头有名的土地开发商，屡次购置土地，盖起房屋，出租给商号和居民，先后在官井梁盖房100余间，在吕祖庙街盖房60余间，在义盛泉巷盖房27间，在五保巷盖房20间，在蔺三巷盖房20余间。1923年，京包铁路修至包头，田家后人田清雨将祖遗的6处院落连起来，开发了包头第一条“步行街”， 街长400余米，北通草市街，南达前街，共容纳商户30余家。步行街1/3是田家修建的店铺，2/3是出租给商家自建，名曰“川行店”。田家按月收租，每月能收白银50两，相当于一个大元宝。因为这一切，田油坊在包头城内声望甚高，理所当然成为包头十大晋商之一。1937年，田油坊还自办小学，不仅收教田家自己的孩子，亦收教非田氏学童。据1942年统计，田油坊小学有学生47人，这在当时可谓有远见之举。

至于河曲本土，也大沾走西口之“光”。一方面，虽然有不少的走西口者“冰块块锅里化成水，空手手走了空手手回”“娃娃走成个朽老汉，走来走去还是个穷光蛋”，但总体来讲，“前山后山二年整，挣下了盘缠转回程”“攒下了银钱买一头驴，骑上毛驴咱回河曲”者为数更多，所以也才有“不大大的小青马马马多喂上二升料，三天的路程我两天到”的欢庆场面。也就是说，走西口首先是在一定程度上缓解了当地百姓的生存困难，甚至初步解决了温饱问题，就像现今农民工外出打工以养家糊口一样功不可没。

另一方面，由于有县城水西门外的西口古渡以及上下游的娘娘滩、石梯口等十数个天然良港，所以随着商品交易的日趋活跃和黄河水运的快速发展，河曲县城很快就成为商贾辐辏的“水旱码头”。清末民初，河曲民间专事驮货运输的骡子就有500多头，船筏300多只，商铺300多家，每天停泊的大船多达百余艘，运送货物多达千余吨。“城内旅店客满，街道行人云集，买卖之声不绝于耳，仅崞县（今原平市）在此居住和经商者即近千人。”（《河曲县志》）“十年九不收”的河曲，一跃而成为名冠三晋的富县，并涌现出以“李启、王孟、于务本，张端、乔裕、王锡珍，（常）佳骐、（常）佳俊在当中，七贡（张焕生）、八贡（张耀生）随后跟”等“十大富户”为代表的一批富商巨贾，“十大富户”的资产都在10万银币以上。民国初年，手头拮据的山西督军阎锡山为解决军费困难，还向该县商家筹借白银21000两，河曲之“富”由此可见一斑。

与此同时，随着满清政府政策的逐步放宽（走西口初期，是不允许口里人在口外定居的），还有相当数量的走西口者经过多年春出秋回的“雁行”之后，干脆携儿带女，在口外定居下来。据测算，如今散落在内蒙古中西部河套平原的河曲人后裔，总数已经超过该县现有人口的两倍还要多。以该县的丁氏家族为例，据该家族编撰家谱的老者综合统计，源自河曲的丁氏一脉现有人口约13000多人，其中有10000余人居住在内蒙古，河曲县本土只有3000多人。也就是说，有近80%的丁家族人现居口外，主要分布在内蒙古东起萨（萨拉齐，今土默特右旗）、托（托克托）二县，西至巴盟的前（乌拉特前旗）、中（乌拉特中旗）两旗这样广阔的农村地面。其中，除了散居各地者外，内蒙古境内清一色的丁姓村子如今就有6个：丁家营子、丁家窑子、丁大圐圙（kū luè）、丁家圪钵、丁家圪旦、丁家河头。又如包头市郊区的后营子乡，全乡42个自然村，其中有11个为河曲人定居所建。可以想见，每个村子的创建都是一个曲折复杂的过程，都曾有过艰难和血泪。由此我们不妨设想，如果将河曲人走西口的全部经过和创业历程挖掘出来，记录下来，必将是一部非常厚重的辉煌史诗（图3-3）！

图3-3　河曲麻地沟村丁氏在内蒙古所建村庄丁家窑村村碑

走西口走出一座河曲城

河曲人走西口的辉煌业绩，还有一个标志性成果——走西口走出一座河曲城！

考古发现，早在数万年前，河曲一带就有先民居住，现存新石器遗址就有翠峰山遗址等十多处。西周至春秋战国，河曲所处的晋西北属胡林游牧部落地。赵武灵王实

图3-4　烽火台

行“胡服骑射”战略后，收复胡林地，在此地修筑赵长城，使这里成为戍边卫国之边塞重地，也成了匈、汉碰撞、交融、杂居之地。此后历代，屡屡在此修筑长城，几无断歇，并有内、外长城之别。内长城西起宁夏，东经陕西榆林，从河曲境内的石梯子过黄河，然后折向东北方向的偏关老营，在河曲沿黄河过境100多里。旧志载，从关河口至石隘口，“计城二、堡七、边口二十有五”。旧志黄宅中《河源考》称：“吾邑以河曲名者，乃黄河入长城之一曲也。”即是说，河曲因黄河入长城之一曲而得名（图3-4）。

但是，由于地处边关，战乱濒仍，所以在相当长一段历史时期内，这里一直是按照战争的需要而设置属于军事行政单位或兼理军民事务的镇和寨。直到宋太平兴国七年（982年）才建立与县同级的火山军，治平四年（1067年）改称火山县，金贞元元年（1153年）才正式置河曲县。而且，当时的县府所在地并非如今的县城驻地文笔镇，而是在宋太兴国年间所建的河曲营，即今河曲旧县。如今的县城驻地文笔镇，当时叫河保营，亦称灰沟营，是一个河防军寨。应该说，这里的地势是相当优越的。黄河在这一带拐了一个近九十度的大弯，从而冲刷、沉积出一块从楼子营至石梯子之间呈“之”字形、100余里长、8万余亩的河滩平地，亦是黄河流经黄土高原的整个途程中形成的面积最大的良滩沃土，

图3-5　1921年的河曲县城

可是在此后将近500年的时间里，这里始终是以军事要塞的面目存在，主要职能是防御黄河对岸敌兵的骚扰和入侵（图3-5）。

到了明末清初，特别是清康熙三十五年（1696年），康熙皇帝西巡西安，视察保德、府谷、神木之后，觉得口里人多地少，晋西北及陕北一带更是土地贫瘠，十年九旱，而口外却有大量可供开垦的肥田沃土，加之清政府大量出征平叛和驻防内外蒙古的军队需要供给军粮和饲草饲料，便于第二年下诏，准许口里人民去口外种地贸易，走西口大潮随即涌动起来，且规模越来越大，商贸活动也越来越频繁。这一来，河保营一带得天独厚的区位优势便显现了出来。我们可以简单计算一下：一艘可载物资10至15吨的大船从河套出发，一天即可到达河保营，继续下行，远可抵临县的碛口、柳林的军渡等地，且只需少量人工开支，效益和速度堪与现在的一辆中型卡车相比。于是，河保营一带很快就成为一个“商贾辐辏”“商业十分昌盛”的商业集散地，人口亦十倍于河曲营（即旧县）的旧城

图3-6　县城全景

（图3-6）。

面对此情此景，有关官员便于乾隆二十七年（1762年）奏请将县府移驻河保营。迁治开拓于乾隆二十九年（1764年）农历三月初六动工，共建堂屋署舍百余间，当年八月二十报竣移驻。这样，原本是河防军寨的河保营，便发展成了山西长城诸多“西口”中唯一的县级城市。清刘日暄所撰《移驻县治碑记》曾对此事作了较为详尽的记载：

圣天子建极绥猷，与道同揆；贤列宪体国经野，因时制宜。即县治移驻，亦仰见君相之焦劳矣。河邑旧治，均有四方里道，依山守险，原与州城相表里。自康熙三十六年圣祖仁皇帝特允鄂尔多斯之请，以故河保营得与蒙古交易，又准河民垦蒙古地，岁与租籽。盖自人烟稠密，商贾辐辏，於斯为盛焉。前护抚宋，於乾隆二十七年，以河保营云集交衢之

地，五方杂处，兵民繁错，烟户十倍旧城，爰奏请移驻，以资弹压，奉旨俞允。即令以原驻巡检衙署，扩充民房兴建，其经费，以旧署变价，并本邑额设繁费充用。但旧城居民寥落，旧署力难承买，业详请为义学公所之用。繁费又为前任修城借用。今估计建署银二千九百三十余两，扩充基金费且不在内。因自捐廉银八百余两。上请筹款拨济，下与邑之绅士庶民随力劝捐。乃蒙大中丞明谕，令通省各州县公贴繁费银一千五百两，而河邑之人亦遂急公愿捐，乐输恐后。夫如是，估建之费以足，购基之资尚赊；而扩基之势，则更有难焉者。何则？自巡署以至前街，比户百有十家，贫者乐售，饶者重迁，公事不可缓，民情又不可拂也。乃躬白诸上宪，请酌量於巡署之西，估愿售之房为基址。大二堂、仪门直建於中，门房、胥库、役隶诸房皆附焉。其东，则书房、客厅、厨灶、住屋、内马号之所在。其西，则捕衙、房署、监狱一切也。

堂屋廨舍共计百余间。是工兴于乾隆二十九年三月初六日，至八月二十日报竣移驻；而涂塈添设、黝垩除治之役，尚方兴于此日也。此皆加捐节费，与我邑绅士庶民同甘苦、共黾勉，咸乐底于成者也。夫旧署称通邑之适中，联臂指与州城，规模形势，称不易矣。而事与时宜，势难因仍，乃移驻於边要之区，弹压乎繁杂之地，诚经画之尽善，尤时措之咸宜也。乃知贤列宪痌□民瘼，司牧亦蒙其庇。圣天子达聪庶绩，陬壤咸荷其庥，不勒珉石，谁志不忘，谨记。

从此，这座边塞小城商贸活动更加繁盛。山西省太原、晋中、晋北各县以及北京、陕西、内蒙古、河北、河南的商人纷纷到河

图3-7 河曲新貌

图3-8　西口古渡广场

图3-9　西口古渡广场牌楼

曲开设商号。城内八大街店铺林立，人烟稠密。仅钱铺、油酒坊、货铺、旅店四大行就有204家。从河套、绥包至河曲的运粮运货船只频繁往来，高脚运输又不断地将各种货物从旱路运出运入。水旱流通，常年不绝。有诗云其景曰：“一年似水流莺啭，百货如云瘦马驮。”因此有人便将这里称为“小北京”。没有走西口，又哪有这一切？所以说，正是走西口“走”出了一个河曲城（图3-8）。

由于县城移驻这里，位于县城水西门外黄河岸边的西口古渡也愈显重要。如前所述，鼎盛时期，每天在西口古渡和附近渡口停泊的大船多达百余艘，运送的货物多达千余吨，从而成为黄河在晋陕峡谷一线最为重要的渡口之一。另一方面，这里亦是人们乘船过河走西口的一个重要出发地，过河后便可“头一天住古城，第二天住纳林，第三天相思病，害在喜家坪”，去往内蒙古中西部各地。直到20世纪20年代京包铁路修通，黄河水运逐渐衰落，其渡口的作用才随之减弱。但那曲久唱不衰的《走西口》，却将西口古渡永远地载入史册，铭刻在了人们的记忆中。如今，西口古渡在河神庙

图3-10 古渡晚霞

和旧戏台原址上又建成了占地2.5万平方米，集休闲健身、集会庆典、文化娱乐于一体的西口古渡广场（图3-9）。广场中央还建有音乐喷泉，乐曲与涛声齐鸣，喷泉与大河共舞，成为九曲黄河岸边一道亮丽的风景线。即便是平时，广场上也是人流如织，成为一处承载走西口历史的标志性建筑和一张彰显走西口文化的形象性名片。来到这里，面对滔滔黄河和四围群山，人们自然而然就会想起那场艰苦卓绝而又波澜壮阔的移民运动，或许还会“念天地之悠悠，独怆然而涕下”（图3-10）。

在河曲县城，还有一幢该县的标志性建筑——文笔塔。文笔塔又称“状元塔”，位于县城东5里的大东梁，建于清乾隆五十九年（1794年），也就是县城由旧县移驻河保营整整30年之后。笔尖筑于古烽火台台墩上，连座高9丈4尺3寸，其中土墩高2丈；台墩顶部直径5丈4尺，笔尖底部直径1丈8尺。笔尖底座由3层条石垒砌，笔身全部由青砖白灰砌就，实心，至顶部骤然缩回呈锥形。远远望去，酷似一枝巨型毛笔拔地而起，上与天接，蔚为壮观（图3-11）。

图3-11 与天相接文笔塔

图3-12　碑廊一角

相传，建造此塔意在“振东山之势”，以裨河曲风水。原来，当年“河曲保德州，十年九不收”，人们便将贫困的原因归结为风水不好，因为县城位于黄河东岸，隔河相望，正对内蒙古准格尔旗境内的大口沟。大口沟远看宛若一条巨龙，仿佛要吞掉河曲县城一般。于是，风水先生便建议在东山建一笔塔，这样就会镇住河西的巨龙。塔建成后，每年夏至日出时，笔影正好直达黄河西岸的大口沟。而且，大口沟还有一块巨石，形若砚台，塔尖的影子正好落在砚台上，这样便可蘸墨汲华，滋润边城世盛文昌。结果是否给河曲带来吉祥与好运？很难查考，但古人的知识、智慧和精确计算却令人不能不由衷叹服（图3-12）。

为增加这支“状元巨笔”的文化含量，进入21世纪以来，又环绕塔基嵌碑筑廊，镶刻当代名家书法墨宝数十帧，传文存史，荟萃古今，与直指云天的文笔相辅相成，相得益彰，吸引了无数的文人学士和普通游客。接着又依傍文笔塔，征地164亩，辟为白朴公园。白朴（1226—1306）字仁甫，号兰谷（图3-13），祖

图3-13　白朴

籍隩州（今河曲），是“元曲四大家”之一。其《墙头马上》与关汉卿之《拜月亭》、王实甫之《西厢记》、郑光祖之《倩女离魂》并称为元杂剧“四大爱情戏”。其《唐明皇秋夜梧桐雨》，缠绵清丽，典雅隽永，字字珠玑，沉雄悲壮，更是被王国维赞誉为“元曲冠冕”。河曲人为有这样一位先贤而骄傲，公园的建造使这位先贤变得更加可感可触（图3-14）。公园随山势而建，栽种了海红、槟果等特色树种和奇花异草，构筑了假山、瀑布、湖泊、拱桥、曲廊、凉亭，既为河曲边城新添一景，更为人们搭建起了一座通往历史文化深处的桥梁（图3-15）。

此外，河曲城内还有一处不能不看的建筑——护城楼。护城楼位于县城北城墙外数十米处，明万历三年（1575年）建，为河险长城与河保营兵寨之间的护城军事设施。楼坐北向南，为单体建筑，砖石结构。楼内砖碹，中空九洞，高与城齐。门额石匾书“镇虏”二字。女墙均设有垛口、箭孔。清康熙、乾隆年间曾两度重修。乾隆三十一年

图3-14　白朴公园掠影

图3-15　白朴公园之九曲黄河阵

图3-16　护城楼

（1766年）上建楼阁，名“玉皇阁”，兵神共处。同治九年（1870年），住持再次募化重修，并以农历五月初五为祭祀日。该楼是晋西北唯一保存完好的长城敌楼，气势雄伟，造型朴实，结构严谨，艺术精湛，是古代砖石建筑的瑰宝，亦在从另一侧面默默地诉说着河曲边城这座“陕东重镇，晋右严疆”的厚重历史。著名作家张石山曾在《守望护城楼》一文中慨叹：“‘明修长城清修庙’，护城楼成为两个相连朝代截然不同的民族政策叠加积淀的一个具象。”可谓慧眼识珠。小小的护城楼，也是一本异常深奥的历史厚书（图3-16）。

走西口走出一个河灯会

实事求是讲，与一些建城历史长达上千年的城市相比，建城至今仅仅250年的河曲县城历史是短暂的，是一座年轻的城市。但短暂、年轻并不意味着浮浅、单薄，一年一度的河灯会（亦称河灯节）便足以说明这一点。

要说河灯会，我们还得再回到走西口的话题上。

如前所述，走西口首先是一首血泪歌、苦难歌。背井离乡、受苦受难不说，抛尸他乡的事情也时有发生。下煤窑遇冒顶被砸死者，有之；掏根子被活埋者，有之；遭遇暴风雪被冻死者，有之；被土匪抢劫杀害者，有之；沾染传染病（河曲人称之为“传人”）丧命者，有之；穷困潦倒被扔进“死人沟”者，有之……且有许多人抛尸他乡，再也未能返回家园。其中，风险最大的又数被称为“河路汉”的黄河船工。他们主要是跑从河曲到包头这一段，其间许多河段两岸壁立千仞，河里风高浪急，简直是一步一道鬼门关。说不定什么时候、什么地方，船只会突然撞上暗礁，或是顺水滚来一块巨石，落个船毁人亡。有民歌这样唱道：

西北风顶住上水船，
破衣烂衫跑河滩。

河曲起程上河套，
步步走的鬼门道。

上水船困在浅水滩，
穷日子难住扳船汉。

黄河水深浪滔天，
扳船汉吃饭拿命换。

手扳棹杆脚蹬船，
船碰岩头命交天。

吃饭的人走鬼路，
甚么人留下个跑河路？

面对九死一生、今天不知明天死活的巨大风险，船工们别无他法，只好乞求神灵保佑，消灾免难。于是，便由船工出力，工商富户出资，于清乾隆十六年（1751年）在河保营（当时县城尚未迁来）水西门外渡口处建起一座“禹王河神庙”（图3-17），同时在庙门口的黄河岸边修盖一座雕梁画栋的大戏台（图3-18），并结合当地乡俗中元节（俗称“鬼节”）祭祀亡故亲人的习

图3-17　西口古渡河神庙

图3-18　河神庙古戏台

惯，把每年的农历七月十五定为求生祭祀的活动日，活动内容则由船工组织河路社具体安排。起初，活动叫“迎神祭鬼节”，届时，戏台上要唱“愿戏”以敬神，并放铁炮十二响，称为“镇妖炮”；庶民百姓要给河神烧香披红，供奉面食糕点等供品；还要送糕灯，称为“祭心灯”。而那些走西口死难者的家属，则要在河岸上烧纸船，焚纸钱，抛供品，并用瓜瓢或瓷碗做成河灯，放入黄河水流中超度亡灵，称为“领魂祭祖灯”。——这便是西口古渡河灯会的雏形（图3-19）。

延至清同治年间，水西门口的黄河渡口码头成了蒙汉经

图3-19　河灯会祭祀活动

济文化交流的重要商埠，人称“黄金口岸”。有碑记曰：“河邑人民多在口外贸易，贩运各物，俱起载于水西门口。是水西门为货物辐辏之区，商旅往来之地，舍舟登陆，适当其冲。”因此水运更为发达，船工队伍不断扩充，河灯会的规模也随之扩大。也是在这期间，脱胎于河曲山曲的二人台已基本成熟，登上舞台，河曲有了自己的本土剧种。于是，河灯会也悄然发生变化，祭祀的成分相对减少，娱乐性则有所增强。每年距河灯会还有好些日子，河路社就开始联系、组织民间歌舞特别是二人台的演出活动，同时组织能工巧匠制作河灯，河灯的工艺质量便随之大大提高。较大的彩船龙灯，用木架制作、用纱布彩画而成；其余河灯，则用五色纸剪贴、绘画、裱糊而成。灯座底部要刷桐油（现改用石蜡油），并搅拌沙子，以防止渗

图3-20　放河灯

水，灯芯一般是用苇节裹棉花蘸黄油点燃（图3-20）。

等到农历七月十五这一天，成千上万的当地百姓和外乡游客便纷至沓来，观赏戏台上的二人台演出和入夜后的放河灯壮景。夜幕未曾降临，黄河岸边就挤满了熙熙攘攘的人群，等待着船工们点燃船头的火把。夜幕降临之后，火把一亮，船儿便载着制作好的河灯，划向黄河中流，抛锚停船。紧接着，礼炮轰鸣，鼓乐喧天，第一盏河灯下水了！然后是第二盏、第三盏……荷花、鸟兽、鱼虾、龙凤、仙女……每隔五六尺放一盏，前前后后一共要放365盏，既有超

度死难者亡灵之意，也在祈祷生者一年365天天天吉祥如意。那隆重热闹的场面，远胜于一般的乡村庙会，因而成为当地的一大传统盛会。

当然，西口古渡河灯会在其200余年的发展过程中，也曾遭受曲折。1938年，日本侵略军曾出动34架飞机，对河曲县城进行狂轰滥炸，将西口古渡炸得面目全非，河灯会也被迫停止。此后，由于种种原因，这一传统盛会也一直未能恢复，直到1978年党的十一届三中全会以后才又重获新生（图3-21）。

最先行动起来的是一批老船工、老灯迷。在县文化馆的支持帮助下，他们筹集资金，制作河灯，组织文艺演出队伍，终于在1986年的农历七月十五使停办多年的西口古渡河灯会又得以恢复。与过去相比，恢复后的放河灯不再含有祭祀和超度亡灵的意旨，而变成了纯文化的民俗活动。尽管规模不是很大，却轰动了晋、陕、蒙三省（区）交界的三角地带。当时又恰逢山西省作家协会在河曲召开文学创作会，著名作家马烽、西戎观看河灯会盛况后赞叹不已，马烽先生还题写下了“民间艺术万古长青”的条幅（图3-22）。

图3-21　河灯会盛况

图3-22　灯游会

随着改革开放的深入发展，人们对走西口文化和河灯会的认识也在不断深化。于是，从1994年起，河曲县委、县政府开始将举办河灯会变为政府行为。该县的宣传文化部门积极动员社会力量，广泛筹集资金，修缮了河神庙古建筑和河畔古戏台，并整修了群众观灯平台，使西口古渡河灯会的规模越办越红火。河灯样式除传统样式外，增添了不少工艺河灯。河灯数量亦由过去一天放365盏扩展十倍为一天放3650盏。从农历七月十四到七月十六，连放3天。而且还增加了施放烟花礼炮，河灯和烟花礼炮交相辉映，“声色俱厉”。入夜，当河灯全部放出、礼炮打响之后，只见波涛滚滚的黄河河面上舞动起十里长明彩灯，黄河犹如一条腾飞的彩色巨龙，十分壮观（图3-23）。

同时，每年的河灯会期间，还要举办民歌或二人台歌手大赛及有关研讨会和“放生”佛教活动。特别是民歌大赛，参赛者既有本县的名角新秀，也有邻县及陕西、内蒙古的歌坛高手，既促进了民歌、二人台的繁荣和发展，又丰富

图3-23　礼花绽放映碧波

了河灯会的内容，扩大了河灯会的影响，提升了河灯会的文化品位。既有历史的传承，又有现代的元素，既有民俗的展示，又有文化的内涵，一年一度的“河曲河灯会”，已经成为晋、陕、蒙三省（区）交界的三角地带一个影响巨大的文化盛会和一张展现走西口文化的亮丽名片，因此被列入国家级非物质文化遗产名录。

文笔塔，护城楼，河灯会，古渡口……河曲的文化积淀就是这般的厚重丰富！

肆 二 山曲儿与二人台

文化积淀厚重丰富的河曲，先于“河曲河灯会”而捷足先登，全国性非物质文化遗产保护工作开展伊始就入选首批国家级非物质文化遗产名录的是另外两项：“河曲民歌”和“二人台”。与河灯会相比较，河曲民歌（河曲人称作“山曲儿”）和二人台的“出名”要早得多，名气和影响也大得多，早在20世纪50年代就已经名声在外，享誉全国，河曲即因此被誉为“民歌的海洋”“二人台的故乡”，还被中国民间文艺家学会授予“中国北方民歌之乡”称号。一个地处边陲、人口只有十多万的小县怎么会成为“民歌的海洋”“二人台的故乡”？这就不能不从其独特的地理位置和生存环境说起。

学会唱曲解心宽

群山连绵，峰如剑簇；关隘古渡，不知凡几；滔滔黄河，屏障其左；巍巍太行，扼守其右；内长城和外边墙横贯东西，偏头关、宁武关、雁门关、平型关雄踞其中，这就是诞生过晋绥、晋察冀两大抗日根据地的晋北地区。如果说山西是中原腹地的屏障，那么晋北便是这屏障的屏障；而地处晋西北边陲、“鸡鸣三省”的河曲，则又是这屏障的门户和前沿。如今，当我国56个民族如同胞兄弟般荣辱与共、亲如一家的时候，我们似乎难以想象，在一段相当长的历史时期内，以中原为腹地的汉族政权，总是将边地少数民族看作不通教化、不懂规矩的夷狄而加以歧视、排斥、防范。特别是活跃于中国北部的少数民族，骁勇彪悍，能征善战，几乎是所向无敌。成吉思汗便曾领着数十万蒙古军队，横扫了将近半个世界，这不能不令所有中原的汉族统治者心存忌惮，连那些入主中原的少数民族统治者也概莫能外。而浊浪排空的黄河，逶迤千里的长城，天门般险峻的三关锁钥……军事要地所需的各种要素，这里全部具备。每个稍有军事常识的人都看得出，只要占据此地，以及西面的陕北和东面的冀北边地，便可北依塞上，南下中原，东可进击幽燕，西可收河湟之利。于是，这里便自然而然地成为已经取得政权、并且要稳固政权的中原统治者的必然占据、固守之地。也于是，这里又自然而然地成为那些觊觎中原的少数民族统治者的必然进击、争夺之地。又于是，成千上万北方民族的英武汉子，骑马挎枪，千里驰骋，出现在这里，欲打开直达中原、进击江南的通道；而成千上万中原、江南的热血男儿，也往往同时被征召、调遣到这里，来守护国家的北大门。汉人和契丹、匈奴、羌、氐、鲜卑、突厥、蒙古、羯人、满人……便走马灯似的来来往往，出出进进，争夺着这里的每一寸土地。漫漫几千年的中国历史，便在这里凝缩成一幅血火交融、兵燹不断的战争画卷，同时也使这里通过战争这种特殊的交融手段收留了交战各方不同种族的血脉，使这里成为一块“华夷之交”“五方杂处”的地域，前面提到的罗圈堡就是一个十分典型的例证。而“华夷之交”“五方杂处”的民族大交融，又带来一个极为显著的结果，就是开放豁达的人生态度。在这里，少数民族率直纯真、敢爱敢恨、敢歌敢哭的秉性，将汉族儒家种种压抑人性的禁忌和规矩冲了个七零八落，少了些道德的捆绑，多了些人性的自由，进而化作一曲曲或高亢或悠长或欢畅或哀伤的歌声。有几句民歌便颇有代表性。

男唱：哎呀！灰女子，不好了，你妈妈串门回来了。

女唱：我妈妈回来我不怕，谁让她养到我十七八。

多么大胆，多么坦率！这样的话都敢公开说出口，唱出口，还有什么内容不能唱？此其一。

其二，特殊的地理环境和自然条件，使得河曲以及整个晋西北地区的生产方式不仅与江南水乡迥然不同，就是与同属忻州市管辖的忻定盆地一带也存在着明显差异。比如，其畜牧业就较忻定盆地一带发达。而畜牧业的发达，便生出一个特殊的劳动群体——放牧人群体。当牛羊忙于吃草的时候，躺在坡梁草地上仰望着蓝天白云的放牛娃或放羊汉是悠闲的，但也是寂寞的。就像文人墨客面对“明月松间照，清泉石上流”的美景，忍不住想赋诗作画一样，他们嗓子痒痒的，也不由得想吼几声，以表达心中所思所想，消磨那悠长寂寞的时光。倘若偷偷爱上了哪个姑娘，许多话在公开场合不便说，这时便可无所顾忌地一吐为快，将一腔恋情毫无保留地吟吼出来、唱出来。——河曲山曲儿中便有相当一部分出自他们之口（图4-1）。

图4-1　唱山曲儿的放羊汉

当然，总体来看放牧人只是庄稼人的一小部分，大部分庄稼人还是以种地为生。但即便是种地，晋西北一带也与平川不同。即便是得天独厚被黄河圈出一湾相对而言较为平坦宽阔的淤积谷地的河曲，平川区也只占全县总面积的4.4%，半山区占4.5%，其余全部为高山区。在这样的土地上耕种犁耧，庄稼人的艰辛自不用说，而且由于地广人稀，常常是一道梁、一座峁只有一个人在孤独地劳作。于是，唱几支自己编创的山曲儿，便成为化解艰辛和排遣孤独的最佳方式。山峁就是舞台，群山就是听众，“舞台”选得好，“听众”还会发出热烈的回应。这情景，倒是与同样地处黄土高原的陕北非常相像。看过电影《黄土地》的人，一定记得头上罩了羊肚子手巾的陕北汉子，在莽莽苍苍的黄土地上高吼“信天游”的画面（事实上河曲山曲儿和陕北信天游本就很像是一母同胞），这样的画面在晋西北也随处可见，大量的河曲山曲儿也由此而产生（图4-2）。

图4-2　大山里飘出山曲儿

图4-3 唱山曲儿的黄河船夫

此外，我们前面提到的“扳船汉”也是一个特殊的劳动群体。他们长年搏斗在激流、险滩、恶浪之间，小命就拴在裤腰带上，既要保持乐观豪迈的心态，战胜随时随地都可能到来的死亡的恐惧；又要给自己和同伴们鼓劲加油，战胜“河神爷”设置的种种艰险；还要自己给自己找乐子，暂时取代对亲人的无限思念（他们长年生活在水上，经常是三月两月才能见妻儿老小一回），因而吼几嗓子唱几声便也成为他们的必然选择。——河曲山曲中便有许多船工号子（图4-3）。

这样，特殊的地理环境和自然条件，便使得“学会唱曲解心宽”成为河曲人的一种生存需要，一种最为便捷的自娱自乐方式，一种必不可少的日常生活内容。唱什么？唱对阶级压迫的反抗，唱对社会不公的愤懑，唱美好的爱情，唱生活的多彩，唱辛勤的劳作，唱心中的愁苦，唱丰收的喜悦，唱幸福的未来，唱山光水色，唱花草树木……只要是看到的事，想到的事，有意思的事，什么都可以进入他们的视野，什么都可以触动他们的歌喉。他们不仅割洋烟、割莜麦、刨山药时唱，扳船、赶车、行路时也唱，找对象、谈恋爱、打伙计时唱，不高兴、不好活、忧愁时也唱，闲坐、胡聊、拉家常时唱，发火、骂人、打嘴仗时也唱……“想甚唱甚，见甚唱甚”，可谓无时不唱，无处不歌。对于这一现象，有一首民歌概括得颇为精准、生动：

图4-4 中央音乐学院采风队金湘、王树向老艺人任淑世采集民歌

山曲本是古人留，
留给穷人解忧愁。
几天不把山曲唱，
少年英雄白了头。

儿童父老尽歌讴

河曲人敢唱民歌，想唱民歌，会唱民歌，爱唱民歌，因而早在明代志书中就有“户有弦歌新治谱，儿童父老尽歌讴”的记载，并世代相传，绵延不绝。唱来唱去，便将这方“鸡鸣三省”的“五方杂处”之地唱成了“民歌的海洋”。

这一独树一帜的文化现象，自然而然引起有关专家学者的关注和瞩目。1953年秋，中央音乐学院中国音乐研究所民间音乐研究室晓星、简其华、李明辉、赵宽仁、王树、金湘、苏琴（女）、李一鸣等一行8人，组成采风队，专程到河曲采风、调查（图4-4）。他们深入农家院落，田间地头，一首首地听唱，一首首地记谱，三个多月的时间便收集到3000多首山曲儿和42个二人台节目，事后还整理、撰写了调查研究专辑《河曲民间歌曲》（1962年6月第二版，1956年4月第一版第一次印刷时书名为《河曲民歌采访专集》），选录各类民歌119首及部分二人台曲调，由音乐出版社正式出版，有史以来第一次将河曲民歌的风貌展现在全国读者面前。而谈到河曲民歌的数量，河曲籍作家燕治国更是自豪地说：“如果把河曲民歌全部收集起来，一万首也不止！”前些年编撰出版的《中国歌谣集成·山西卷》，河曲民歌亦风

图4-5　中央音乐学院采风队编撰出版的《河曲民间歌曲》

骚独领，约占全书所收民歌的十分之一（图4-5）。

这些数以万计的民歌，内容都是老百姓想说想唱、所思所虑的东西，因而通俗、朴实、自然、感人。比如有关走西口的民歌，从“穷光景逼得咱走口外”到“掏根子”“拉骆驼”“挑大渠”，从“碰见个鞑老板，说了两句蒙古话”到与蒙古女子耍笑逗乐，从口里的女子“丢下小妹妹咋想呀”到经不住光棍汉的骚扰、挑逗而“打伙计”，从“挣下了盘缠转回程”到“走西口的哥哥回来了”，从“穷骨头撒在河套川”到“寡妇上坟泪长流”……无不涉及、包容，从而构成一部晋西北汉子相当完整的流浪史、迁徙史、苦难史、创业史，完成了对走西口这一移民运动的历史叙述。而这一叙述又是那样动情、透彻、淋漓尽致，与历史著作相比显得更加逼真生动、感人肺腑，简直就是一部丰富完整、凄美动人的走西口史诗！正是这种史诗品格，才使得河曲民歌在与其他地方民歌的比较中独树一帜。其他地方的民歌，如广西民歌、云南民歌，大都以情歌为主，都质朴而鲜活，很好、很美、很感人，但却不及河曲民歌那样厚重、深沉、博大、雄浑，有一种震撼人心的冲击力。应该说，这种史诗品格是河曲民歌的灵魂和精髓，也是它广受赞誉的根本性原因。

民歌来源于民间，民歌产生的同时也造就了大量的民歌手。那么“民歌的海洋”河曲又有多少民歌手呢？实在无法统计。晓星等专家在《河曲民间歌曲》

一书中曾这样写道："据采集者在河曲某村调查，全村一千余人，除了髫龄儿童不会'唱曲'以外，其余的人几乎均可称为民间歌手，只不过有唱得较多和唱得较少、唱得较好和唱得稍差的区别而已。最好的歌手能'连唱三天三夜都不重'。"事实也正是如此。在河曲城乡，随意挑一个人，一般都能哼几句山曲，既能唱前人创作的，也可以根据当时当地的人和事现编现唱。可惜，过去民歌登不得大雅之堂，甚至还被贬斥为淫词滥调，所以民歌手也缺乏应有的社会地位，史籍中自然也不予记载。直到中华人民共和国成立后，劳动人民当家做主，他们创作的民歌也随之名正而言顺起来，才有了晓星等专家的采风活动和民歌手的被尊重。

在河曲，民歌和民歌手被尊重的标志性事件是1957年的进京演出。这年4月，全国第二届民间艺术会演在北京举行，山西代表队从河曲选拔了15名演、奏人员，在天桥剧场演唱了《珍珠倒卷帘》《船工号子》《打蓝调》《串河湾》等曲目，其中张林燕、柳凤英等演唱的《珍珠倒卷帘》还被评为优秀节目（图4-7、图4-8）。演出结束后，观看演出的周恩来、朱德等党和国家

图4-6　中央音乐学院采风队拍摄的南沙洼村女民歌手合影

图4-7　南元村村民演唱《打蓝调》

图4-8 参加全国第二届民间艺术会演的河曲演员合影

图4-9 张林燕、柳凤英演出《珍珠倒卷帘》剧照

领导人还接见了代表队全体成员。

中央音乐学院专家的采风和张林燕等在京城的成功演出（图4-9），使河曲民歌声名鹊起，也使浸泡在“民歌海洋”中的河曲人心中升腾起一种前所未有的自豪和自信，似乎这才发现山曲儿的价值。河曲民歌随即迎来了自己的春天，一个又一个、一茬又一茬的优秀民歌手如雨后春笋般涌现出来。

如河曲籍民歌手许月英，早在1960年，年仅14岁的她参加山西省第五次民间音乐舞蹈会演，便以一曲稚嫩的《捏软糕》一炮走红，赢得专家和观众的普遍赞誉。1964年，又获得山西省首次独唱音乐观摩会演优秀歌手第一名。1978年9月，她参加在北京举行的全国部分省、市、自治区民族民间唱法独唱、二重唱会演，所演唱的二人台《走西口》选段和忻定民歌被评为优秀节目，公演数场（图4-10）。

1978年由忻州调到山西省歌舞剧团的河曲籍民歌手尹占才和张美兰，则是一对难得的“黄金搭档”。从20世纪70年代到90年代，他们以《拜大年》、《割莜麦》等对唱，多次参加全国、全省性比赛和重要演出，全国各大城市几

图4-10　尹占才、许月英演出《走西口》剧照

图4-11　尹占才、张美兰演出对唱《大寨红花曲峪开》剧照

乎都留下了他们的声音。1978年，他们的对唱亦被评为全国部分省、市、自治区民族民间唱法独唱、二重唱会演的优秀节目，并参加了当年在首都体育馆举办的国庆晚会演出（图4-11）。

2002年5月，“大器晚成”的河曲县农民歌手辛礼生以《过大年》在全国农民歌手大赛中获三等奖；2004年，他又和刘美兰合作，以对唱《五月散花》《挂红灯》获得中央电视台举办的“清逸·佳雪”杯CCTV西部民歌电视大赛金奖，成为全国知名的“歌王”，多次参加在北京、上海、深圳、西安等地举办的演唱会，每次都无一例外受到专家学者和广大观众的一致赞誉

图4-12　“歌王”辛礼生

图4-13 “中国北方民歌之乡”授匾仪式

（图4-12）。

因为这一切，河曲县于2006年被中国民间文艺家协会授予“中国北方民歌之乡”称号；紧接着，“河曲民歌”又毫无争议地被列入国家级非物质文化遗产名录（图4-13）。

具有无穷魅力的河曲民歌，不仅为广大群众所喜闻乐见，更为众多文化界人士所钟情、关爱、费心。河曲籍作曲家刘铁铸，运用河曲民歌的音乐元素，创作了大量的歌曲、器乐曲、歌剧和电视剧插曲，对河曲民歌音乐的创新、发展进行了卓有成效的探索。其创作的大型歌舞剧《走西口》，在台北公演后轰动整座宝岛，被誉为“具有世界一流作曲水平的歌舞剧”。

河曲籍作家燕治国，则用近十年时间，搜集、整理和编写了近千首走西口民歌，然后又数易其稿，创作了25集原生态民歌电视连续剧《西口情歌》，将数十首河曲民歌原汁原味地展现于荧屏之上（图4-14）。

还有好多歌唱家，对河曲民歌亦情有独钟。如出生于保德县的军旅歌唱家马玉涛，在60余年的歌唱生涯中虽然没有

图4-14 《西口情歌》开机仪式

专攻民歌，但无论是歌剧《小二黑结婚》和《刘胡兰》选段，还是独唱《马儿呀你慢些走》《看见你们格外亲》，都无不具有鲜明的民族声乐发声、吐字和音色特点，明显地表露出故乡民歌（保德民歌和河曲民歌几无差别）给她的滋养和影响。就连蜚声海内外的歌坛巨星邓丽君，也演唱过不少以《五哥放羊》《挂红灯》曲调为元素创作的歌曲。

有如此丰饶的土壤和厚实的基础，浩如烟海的河曲民歌随着历史前进的步伐向更高一级的艺术形式——二人台飞跃，便成为一种历史的必然。

男人难活唱大戏

由山曲儿到二人台，经历了一个长期的演变过程。

起初，人们并非是要自觉地去创造一种新的艺术形式，只是由于山曲儿唱了若干年若干代之后，有的人不再满足于这种“自说自话”，渴望进行更大范围的交流。于是，劳动之余，农闲之时，雨雪之日，不耐寂寞的人们便三五一群，七八一伙，或聚集于某个公共场所，或相约于某个光棍汉的炕头，纷纷展开自己的歌喉，倾吐自己的喜悦或悲苦，并辅以枚（笛子）等乐器的伴奏和“舞鞭”“耍扇”等秧歌舞蹈动作，使整个演唱变得像模像样起来，俗称“打坐腔”。

在围观者的喝彩鼓励下，演唱者信心大增，便又走下炕头，走出院门，出现在水旱码头、村落街头、田间地头以及节日庙会、红白事筵等场合。他们的表演无须舞台之类的专门演出场地，有把椅子就行，甚至连椅子也不要，就那么站着唱，站着演，所以又被称作“打地摊”。

这一表演形式一经出现，便被纳入“社火玩艺”之中。“社火玩艺”是河曲民间逢年过节文艺演出活动的总称，主要包括三种类型：凡有音乐伴奏的如秧歌、道情等，通称“打玩艺儿”；纯舞蹈性质的如龙灯、旱船等，通称“耍玩艺儿”；花灯、烟火等则通称“社火”。二人台既唱又表演，还有乐器伴奏，便理所当然被归入“打玩艺儿”。久而久之，“打玩艺儿”就为二人台所专用。清咸丰年间，“打玩艺儿”在河曲已相当盛行，城关、巡镇、唐家会、五花城的班社都颇有名气。

“打坐腔”“打地摊”“打玩艺儿”，这便是二人台发展过程中的“三打阶段”，它标志着二人台的雏形已逐渐形成。

渐成雏形的二人台在其不断的实践过程中，又借鉴和汲取秧歌、高跷、道情、八音会等姐妹艺术的有益营养，表演手段日渐丰富；关注和演唱的内容也突破了演唱者自身范围，小至邻里趣闻，大至国事民情，都成了演绎故事的素材。这样，二人台便又融入“戏”的因素，进入了“以歌舞演故事”阶段，并开始以“风搅雪”的形式登上舞台。所谓“风搅雪”，就是两种或多种表演形式搅混在一起演出。河曲大埝墕村古戏台上，至今留存

图4-15 五云堂玩艺班于清同治八年演出时题壁

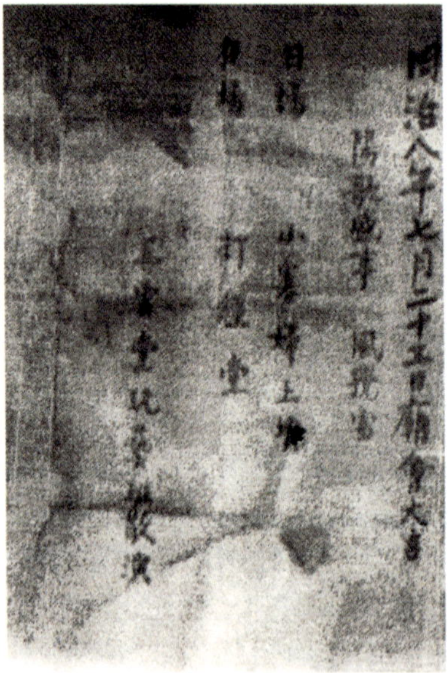

图4-16 “五云堂”砖雕门匾

有该县五云堂玩艺班于清同治八年（1869年）“风搅雪”演出时的题壁：日场演《小寡妇上坟》，夜场演《打经堂》（图4-15）。

五云堂玩艺班是清同治二年即公元1863年前后，由唐家会村艺人李有润、邬圣祥、“天明亮”等创办的。此前，该村的“三官社”曾请神池县著名道情艺人郑根喜到河曲教唱道情戏，《打经堂》便是一出道情传统剧目；而《小寡妇上坟》则是李有润等整理改编的二人台剧目，其手抄本现仍保存完好。这一题壁表明，一是二人台已经登上舞台，发展到了“风搅雪”阶段；二是二人台尚不能独立支撑门户，还需暂时依附于别的表演艺术；三是二人台已经有了自己的剧目，也就标志着这一表演形式已经比较成熟（图4-16）。

二人台更为成熟的标志是《走西口》的问世。1986年，河曲县从事二人台研究几十年的老专家张存亮，在该县唐家会村发现一份《走西口》戏文手抄本。该抄本同《小寡妇上坟》一样，为李有润口述、邬圣祥记录誊抄，誊抄于光绪十一年（1885年）农历七月十五，虽与现代《走西口》有一些差别，但故事情节完整，人物形象鲜明，说明二人台已有代表性剧目，艺术上也日趋完美。

日趋完美的二人台，翅膀硬了，胆气壮了，“风搅雪”一段之后便与道情“分门另户”，走上独立自主的道路。独立之初的二人台也有一个称呼，叫“打软包”，意思是服装、道具装几个包袱就可到台演出。又因其大都为一丑一旦表演，故又称作“二人班”。——“二人班”与“二人台”只一字之差，后来这一艺术表演形式被正式命名为“二人台”，或许就是从“二人班”演变而来。

这期间，走西口的移民大潮已经涌动多年。“男人难活唱大戏”，作为走西口的先驱和主力，晋西北的汉子们在用汗水与生命书写内蒙古中西部发展史和繁荣史的同时，还扯开老祖宗遗传下来的嘹亮歌喉，一路辛苦一路歌，将二人台也带到了茫茫草原。走西口便因二人台而多了几分生机和豪迈，二人台也因走西口而成长得更加茁壮，一大批优秀的二人台演艺人便雨后春笋般涌现出来。在河曲，有“老百灵旦”樊贵桌、“小百灵旦”樊二仓、“串话王”王半师、“芝麻旦”菅二毛等“七大名旦，八大名丑”；在保德，有“麻角旦”“石匠旦”“洪顺丑”；在偏关，有李万科、贺斌、秦丙全；在阳高，有“常变鬼”；在陕西府谷，有降改良；在内蒙古，有老炳申、毛发子、双狮子、老双羊、老板达、阿力亚等名丑名旦，从而

图4-17　著名二人台演员樊六演出《探病》剧照

形成一支蔚为壮观的二人台大军（图4-17）。

在这支二人台大军中，最具代表性的是曾任包头市剧协名誉主席的樊六。樊六出生于河曲县樊家沟村，十多岁便走西口到了内蒙古，边作装箩手艺边演二人台，长期活跃于河套、萨拉齐、土默川一带，成了誉满晋、陕、内蒙古的二人台名角，得艺名“六牡丹”。他那清脆甜润的嗓音，幽默风趣的表演，自成一派，其中尤以《探病》中的刘干妈塑造得最为成功。1962年，著名作家老舍到包头访问时点名要看樊六的《探病》，看后由衷地赞叹：“在北京也难找到这样一位老彩旦！”

人们常说，二人台“发源于河曲县，发展于内蒙古”，而发展于内蒙古的前提便是走西口。从这个角度看，可以说没有走西口，就没有二人台的大发展、大繁荣，就没有二人台的今天。走西口，二人台，一枝并蒂花，一枝团结花！

由于鲜明的世俗性、民间性、人民性和喜剧性，二人台理所当然受到人们特别是普通百姓的认同和喜爱。但也正是由于同样的原因，她便一直被视为“下里巴人”，难以登上大雅之堂。直到1949年中华人民共和国成立，“穷人演，演穷人”的二人台才有了“出头之日”。就在中央音乐学院的专家们到河曲采风的第二年，也就是1954年的3月，河曲县就举办了规模盛大的民歌二人台会演，男男女女、老老少少共有170余人参加了演出。如果我们要总结中华人民共和国成立以来河曲二人台的发展历史，那么真正的起点应该是这次会演。

这期间还发生一件值得一提的事。1954年春，县里的会演刚刚结束，中央音乐学院的采风队刚刚离去，山西省歌舞团的任艾英也来到了河曲。任艾英是河曲人，当时已是颇有名气的演员。但由于家贫，她刚满十岁就随哥哥离开河曲参加了革命，所以并不会唱二人台，这次回故乡就是想学几个二人台剧目。于是，她回到河曲后就直接到岱岳殿村找见了“串话王”李法子。李法子是个热心人，当即满口答应。任艾英年纪轻，记忆力好，有时头天晚上刚学，第二天白天就能登台与李法子配戏演出。加之她从艺多年，功底扎实，扮相漂亮，因而一登台就引起轰动。“看了任艾英的辫子，点灯不用捻子；看了任艾英的笑，娶媳妇不坐轿；看了任艾英的脚（读jie），吃饺子不用捏；看了任艾英的走，娶媳妇不要酒。”——观众用自己特有的方式，表达了对任艾英的肯定和喜爱。而对她演得最成功的《走西口》，观众也有“评论”：“增产节约喝稀粥，也要看任艾英的《走西口》。”而且，过去二人台旦角一直由男性担任，虽然抗战时期旧县的女教师苗韶琴曾登台演过二人台，但苗并非二人台艺人，只是临时“客串”，所以在河曲真正正式登台演二人台的女演员任艾英是第一人。她的出现打消了家长们的疑虑，使众多女孩子迷上了二人台，进而走上了二人台演艺之路，对河曲二人台的发展产生深刻影响。之后不久，山西省文化艺术干部学校举办全省各县文化馆干部培训班，便专门开设二人台演唱课，请任艾英教唱二人台《打金钱》，又将二人台的种子撒向了全省（图4-18）。

图4-18 任艾英、李法子中等在河曲合影

这一切，如春风鼓荡，似春雨浇洒，使河曲的二人台演出活动出现前所未有的繁盛景象，“夫妻班”“姊妹班”“父子班”“娃娃班”遍布全县，多达40余个。1956年，河曲县政府又决定正式成立县级二人台剧团，使全县精英荟萃一堂，其中最为突出者是小名补莲子的吕桂英。她14岁时跟随李法子学唱二人台，加入县二人台剧团后因唱功突出成为剧团的台柱子，有人说是“剧团要吃饭，全凭桂英这颗‘旦’”。后经任艾英指点，《走西口》演得甚为精彩，名高一时。人们编顺口溜说：“听上补莲子唱两声，过了三年看戏瘾。（图4-19）”

图4-19　著名二人台演员吕桂英（补莲子）

其间，无论是县二人台剧团还是业余班社，在演出传统剧目的同时，还根据二人台这一小剧种的固有特点，排演了不少反映农村生活的小戏。如县二人台剧团演出的《木匠招亲》《三丑会》《一把镰刀》和曲峪大队二人台剧团演出的《水上南梁》《相亲》等小戏，都很受群众欢迎。《相亲》一剧先后演出300多场，1964年还参加了华北地区文艺调演，彭真、乌兰夫、李雪峰、李立三等领导观看后均给以好评。《文汇报》则刊登长文，赞扬河曲二人台剧团“道路越走越宽广”。

1964年，忻县地委、行署根据地区尚无歌舞类艺术表演团体的情况，决定将河曲二人台剧团整体调到地区，以此为班底成立地区文工团。可是地区文工团成立不久，“文化大革命”就开始了。无论是河曲还是地区，“哥哥妹妹”“亲亲爱爱”俯拾皆是的二人台自然难逃厄运，顿时沉寂了下来。

进入改革开放新时期后，二人台再度焕发青春。虽然，1964年县二人台剧团整体调往地区时，吕桂英、吕玉根、尹占才、张美兰、许月英等一批优秀二人台演员均离开了河曲，但二人台的根须在河曲扎得太深了，土壤也太肥沃了，而且到处是二人台的种子，就像那“野火烧不尽，春风吹又生”的小草，即便没有人专门去播种、培植，那草籽儿随意落到什么地方，都能生根、发芽，蓬蓬勃勃地生长起来。于是，沐浴着改革开放的春风春雨，河曲本土很快就又涌现出杜焕荣、刘兰生、刘爱兰、王掌良、苗俊英、王永茂等一批二人台新秀。其中，王掌良和苗俊英后来被招聘到内蒙古自治区二人台艺术团，并成为该团的“台柱子”，一直

图4-20　河曲民歌二人台大赛一瞥

图4-21　周永新、詹丽华演出《叔嫂情》剧照

图4-22　新建的河曲县民歌二人台演艺中心

至今。河曲本土的二人台演员，同样经常出现在各种演出活动的舞台上和各级电视台的荧屏上，并频频获奖。同时，家庭和民营二人台演出团体也大量涌现，全县的二人台从业人员达500多人。这些演出团体一般只有十几二十个人，行动极为方便，演出市场相当广阔，演出活动颇为红火，不但活跃了城乡文化生活，也使二人台的薪火得到了传承。

2004年，在中宣部领导的直接关怀下，山西省联合内蒙古、陕西、河北组织了一次四省、区二人台大赛，推出一批优秀节目和优秀人才，并于当年9月举办了晋京演出活动，取得巨大成功。这一盛举，给河曲二人台以巨大鼓舞，该县的民歌二人台演艺中心便应运而生。可以想见，有广泛深厚的群众基础，有千载难逢的大好机遇，有二人台自身的独特优势和已有成就，二人台这枝艺苑奇葩定将在河曲大地上绽放得更加艳丽璀璨，更加光彩夺目（图4-22）。

到河曲来吧！听听风情独具的山曲儿，听听原汁原味的二人台！

后 记

论人口总数，论土地面积，只有14万人、占地1327平方千米的河曲都是一个小县。且不说全省、全国，就是与笔者所在的忻州市的其他县、市、区相比，也排不到前面。但若是论文化，河曲却是一个当之无愧的大县。仅是与该县有着血肉般紧密联系的走西口文化和令人迷醉的山曲儿、二人台，就是两座蕴藏丰富、挖掘不尽的文化宝库，大有文章可做。再如笔者较为熟悉的文艺界，曾任内蒙古伊克昭盟（今鄂尔多斯市）文联主席的著名作家贺政民和供职于《人民日报》的著名画家苗地，是从河曲走出去的；书中已经提到的曾任山西省文联副主席的燕治国和《山西文学》现任主编鲁顺民，是从河曲走出去的；现今山西音乐作曲界翘楚刘铁铸、任新宁、吕欣荣，是从河曲走出去的；曾是山西省歌舞剧院“顶梁柱”演员的尹占才、张美兰，是从河曲走出去的……倘若没有肥沃的文化土壤的滋养，幼苗又哪能成材？更何况，该县境内还有书中已经介绍过的娘娘滩、弥佛洞、海潮庵、岱岳殿、文笔塔、白朴公园等景点，哪一处都值得好好书写，精心描绘。但以我之功底和笔力，能否在三四万字的篇幅内将所有这一切准确、生动地展现出来？我确实心中无数。好在担任过该县常务副县长的挚友王文才既是土生土长的河曲人，又是卓有成就的作家，对河曲的历史、现状、风土人情都了如指掌，是位“河曲通”，所以书稿写出后我便首先请他过目把关，这样心里才踏实了一些。在此，自然要对他表示衷心的感谢。同时，也衷心希望有兴趣阅读此书的同志，看过后给以批评指教，以便使我今后写作时不要再犯类似错误。因为写作这行当永远是一种遗憾的事业，尽管文才兄已经把过关，但很可能还存在这样那样的疏漏。但愿我的希望不要落空！

田昌安

2013年7月28日于忻

图书在版编目（CIP）数据

娘娘滩 / 田昌安著. — 太原：山西经济出版社，2013. 11
（山西旅游风景名胜丛书：升级版）
ISBN 978-7-80767-730-7

Ⅰ. ①娘… Ⅱ. ①田… Ⅲ. ①风景区—介绍—河曲县 Ⅳ. ①K928.702.54

中国版本图书馆CIP数据核字（2013）第270531号

娘娘滩

著　　者：田昌安
出 版 人：赵建廷
责任编辑：王云翠
装帧设计：董利斌　赵　娜

出 版 者：山西出版传媒集团·山西经济出版社
地　　址：太原市建设南路21号
邮　　编：030012
电　　话：0351-4922133（发行中心）
0351-4922085（综合办）
E—mail：sxjjfx@163.com
jingjshb@sxskcb.com
网　　址：www.sxjjcb.com

经 销 者：山西出版传媒集团·山西经济出版社
承 印 者：山西省美术印务有限责任公司

开　　本：889mm×1194mm　1/32
印　　张：2.875
字　　数：57千字
印　　数：1-6 000册
版　　次：2013年11月　第1版
印　　次：2013年11月　第1次印刷
书　　号：ISBN 978-7-80767-730-7
定　　价：13.00元